给童年"留白"

胡华／著

北京师范大学出版集团
BEIJING NORMAL UNIVERSITY PUBLISHING GROUP
北京师范大学出版社

图书在版编目（CIP）数据

给童年“留白”/胡华著．—北京：北京师范大学出版社，2023.5（2025.6 重印）
（幼儿园生活化课程丛书）
ISBN 978-7-303-28886-1

Ⅰ．①给… Ⅱ．①胡… Ⅲ．①幼儿教育—研究 Ⅳ．①G61

中国国家版本馆 CIP 数据核字（2023）第 031129 号

GEI TONGNIAN LIUBAI
出版发行：北京师范大学出版社 https://www.bnupg.com
北京市西城区新街口外大街 12-3 号
邮政编码：100088
印　　刷：北京瑞禾彩色印刷有限公司
经　　销：全国新华书店
开　　本：787 mm × 1092 mm　1/16
印　　张：18.25
字　　数：234 千字
版　　次：2023 年 5 月第 1 版
印　　次：2025 年 6 月第 5 次印刷
定　　价：76.00 元

策划编辑：张丽娟　　责任编辑：张丽娟
美术编辑：李向昕　　装帧设计：焦　丽　焦春娟
责任校对：郑淑莉　　责任印制：赵　龙

再版序

丰盛，根植于“留白”之中

第一版《给童年“留白”》从出版至今已经五年过去了。

这几年，继《给童年“留白”》之后，我又陆续出版了好几本书，这些书也很受欢迎，但《给童年“留白”》似乎是最受同行喜爱的一本书。我想，可能是因为这本书的写作语言直白、简单。作为写作者的我当时心中是充满热忱的，加之这本书图文并茂，书中描绘的教育追求与意象都是令人向往的，所以才会受到大家的喜爱吧……

回过头来看，我特别珍视当时写这本书的冲动与简单。这本书，写作初心非常简单，我是带着一种强烈的表达愿望，想向读者展示一幅美好的教育图景。当时，我住在京郊的乡村，每天闲暇时，就用录音的方式将对教育的探索与思考一一叙述出来，再整理成文字，类似于一种口述实录吧。所以，这本书的行文逻辑与表达都非常直白，很像是讲故事，也没有什么学术化的腔调。

很多人因为这本书了解了我们以及我们的幼儿园。我想，这本书里有一种我个人建立在生命体验基础上的教育探索，而这种带有生命体验的探索是能够让读者产生共鸣的。

如果说《给童年“留白”》展示的是我和一个教育机构长达十余年探索的某个剖面的话，我的另一本书《从生活到生活化课程：一位幼儿园园长的教育叙事》(2021)则展现了十余年来个人的深度思考与我们的教育探索之路上停歇过的每一个驿站。这几年，我主编的“幼儿园生活化课程”系列丛书(2019—2020)在业内广受好评，越来越多的人借助于这套生活化课程，开始尝试在不断“内卷”的社会中为教育“留白”。这也是我的另一个想法，做教育不要太忙碌、太机械，要给生命留一点儿喘息的空间。这些认识本质上也是一种态度，是选择教育样态时秉持的儿童观与教育观，其背后是个人的哲学观。《幼儿教师的教育哲学观：通向幸福的教育之道》(2022)是我最新出版的书，阐述的就是这样一个道理。

在这十余年的探索中，我们从儿童主义走向生成课程，从生活化课程走向了教育文化。近几年，我们的探索由教育文化走向了教育哲学。这五年来，我对曾经谈论过的问题又有了很多新的认识，这次《给童年“留白”》的修订再版，对每一个章节都做了相应的补充，又特别增加了第十二章“从教育过程到教育文化”和第二十二章“从这里走出去的孩子”。

这里，我只想再谈谈对“留白”的一些认识。

“留白”的哲学意蕴

人类渺小，生活在自然之中，不要总想着攫取，而应当时刻保持一种克制、欣赏和赞美。

“留白”，本质上是一种中国人的哲学观念。中国哲学是以人及人生为基点的，即使涉及天地，也是与人及人生有关的天地。与此相同，教育的本质也是各种关系的总和，教育本身也是在建构人及人生的各种关系。

在幼儿园，我们和儿童的关系、和教师的关系、和家长的关系，儿童和教师的关系、儿童和儿童的关系，除此之外，和社会的关系、和世界的关系、和天地的关系，都是教育思考的基本出发点。“在什么样的位置上思考教育？”这一对教育核心问题的叩问一直盘桓于我的思考与探索之中。

“留白”表达的是人在关系中的一种克制、冷静、审慎和尊敬。比如说，我们尊敬儿童，就要克制自己想干预的欲望，给他们的生活“留白”；我们尊敬教师，就要尊重他们的个人实践智慧，给他们的教育“留白”；我们尊敬世界，不仅仅要敬畏已知的规律，还要敬畏未知的奥秘。

这几年，花草园把越来越多的创造权交给了儿童、交给了教师，也交给了时间，展现出了一种更加丰盈、蓬勃的状态。因为对儿童和教师而言，“留白”意味着对他们最大的信任，意味着为他们创造了最大的个人空间。

“留白”给我们带来的变化

这五年间，花草园的教育变得越来越成熟，越来越稳定，甚至在某些层面展现出更大的超越与进步，越来越有自己的神韵，这确确实实是“留白”的影响。

“留白”的哲学思想给我们的课程探索带来了很多改变。因为生活化课程一直游走在文化的核心体系中，我们的课程落脚点也变得更加坚实、丰盈。

当“留白”也成为一种管理思想的时候，教师没有了那么多的焦虑与“缠绕”，他们不用担心领导如何评价他们，只需要诚实地面对自己、活在当下，美好的教育就在他们每天的创造之中，喜悦感会从心底里流淌出来。

“留白”对我个人的影响也是很大的，做事不必尽善尽美，做教育更是如此。教育最美好的状态就在于那份灵动和自然，如果我们提前设想了很多关于教育要达成的目标，那就不再是真正的教育了。人在生命的河流里行走，总是能够看到两岸的旖旎风光，也总是能够感受到脚下河水的湍急，在河中行走的美好体验只有经历过的人才能感受得到。

人无法两次踏入同一条河流，进入生命的暮年再翻开书，我知道自己曾年轻过，写过激情飞扬的文字，不用纠结这样写对不对、那样写好不好……

我是相信直觉的人。“留白”和直觉之间，暗含着很多丰富的关系。如果一个人的生命或者大脑被填得过满的话，是没有时间通过直觉感受心灵的力量的。心灵非常相信“相信的力量”，只有信任自己，才能信任教师、信任儿童。

生命就是时间。生命的意义就是在属于自己的时间里做了什么。世间没有什么完美，但我确信，“留白”的意蕴可以让生命更加纯粹。

胡　华

2022 年 5 月 13 日于北京 • 花草园

推荐序

一所会“留白”的有中国色彩的幼儿园

（一）

胡华和我是北京师范大学本科的同级校友。胡华一直是追求浪漫和个性的，痛恨任何形式的、哪怕是在爱的目的下的压抑，以追求自由、真爱为此生目标。尽管现实不断给她点小教训，可她的本性总是适时地跳出来，“推”着她不断真诚地询书问友，无情地剖析自己，也顺带剖析一下别人，不断地悟，直到悟出了自己的人生，也悟出了独特的教育理念和方法，悟出了自己想打造的是一所能让孩子自由呼吸、成长的园所。

1999 年，胡华在北京市幼儿师范学校教书，是个讲课吸引人的老师。我那时在中国儿童发展中心创办了一所幼儿园，在为接手管理的幼儿园寻觅园长时，本想请胡华帮忙推荐一位，没想到她自己动了心。我们俩和几位年轻同事一起，埋头在两个幼儿园和一个心理咨询中心中，度过了一段难忘的时光。那是胡华第一次当园长。随后，我和我的工作变动给我在幼儿园的管理实践画上了句号，胡华则从头开始筹建中华女子学院附属实验幼儿园。

2004 年，中华女子学院附属实验幼儿园开园初期，我到幼儿园参观，见到了一个通常意义上的“好”幼儿园：环境色彩丰富而柔和，学习材料开放，主题活动老师也带得不错……而到了 2013 年，我和联合国儿童基金会总部的一位同事来园时，园里没有了见惯了的那种色彩斑斓、热闹和嘈杂，许多墙面出现了“留白”……胡华却谈起了中国哲学“大道至简”的理念。

这样行吗？当看到孩子们自在地生活着、自由地游戏着，以及他们学习、思考的痕迹，我明白，胡华和幼儿园正在往一条新的道路上出发……

（二）

幼儿园教育何为本、何为辅，决定着管理者如何呈现出一个机构的繁简疏密。以儿童为本，以人为道，师法自然，必然大道至简。几次交流后，我逐渐体会出胡华的一些“道”。

尊重儿童

胡华通过读哲学，悉心地通过儿童生活来读懂儿童。她还让老师去掉先入为主的想象，放空大脑，看到孩子的力量。让我非常有共鸣的是，在幼儿园，花心思让幼儿在集体中仍然处于童年应有的自在状态，是最要紧的。在这本书中，你会看到，幼儿园处处体现出对儿童需要的尊重，对儿童情感的满足，对儿童智慧的保护，对儿童创造的崇拜与敬仰。例如，在幼儿园，儿童有属于自己的私密小抽屉，有三三两两闲话的小屋，可以和同伴亲密自在地交流，这些都为孩子们留了心理的自我空间。孩子们会自己讨论各种规则，逐步明白：方便他人就是方便自己。这种精神上的舒缓与自由，会让孩子产生一种信念：自己对生活是可预测、可掌控的。幼儿园里活动时间有弹性，给孩子留有探索、游戏、解决问题的自由。从“他律”到“自律”的过程，也将孩子的精神紧张和压力降到最低，从而为开展好奇、勇敢的探索奠定了基础。

对于儿童“学习”，胡华也用“尊重”二字提醒自己不去贪多、求难，而是采取孩子熟悉的生活路线、文化路线。课程内容大多与中国人的“优雅”生活、民族文化有关。从“畅游日”的实践开始，幼儿园提炼出了一套贴近自然、贴近生活、贴近儿童内心的课程。每个活动都有观察、有查阅资料、有讨论、有质疑，重要的是，还有等待，因为每个真正意义上的儿童学习都要历经时间的积淀。

尊重员工

走在幼儿园里，胡华不停地和每个人打招呼，看得出，她尊重这里的每个人。她说，大家不仅是同事，更是同道中人。在这里，每个员工都会敞开心扉，试着观照自己的内心，寻找到自己当下的使命。这样的管理不仅让员工们内心对工作、对儿童产生了热爱，也让他们知道，每个平凡岗位的工作都有不凡的价值。在这所幼儿园里，每位成人都可以是孩子的朋友，他们自身携带的文化也变成了丰富的教育资源。孩子们可以和老师交谈，也可以和厨师、保安师傅、保洁阿姨交谈，他们一起建桥、一起做饭、一起生活，学习着对彼此的理解和尊重。

尊重家长

成人和儿童的关系平等了，教育就成功了一大半。胡华对这一“根本”下了真功夫。虽不易，却乐在其中。联合国儿童基金会一直倡导学校（包括幼儿园）和家长，还有社区成为合作伙伴。胡华对此想得很深远，“家长提升了、觉悟了，才有生命中高质量的陪伴”。她与老师们同家长坦诚地相处，共同学习、交流育儿之道。在这里，没有“服务者与被服务者”，大家变成了“铁磁”。大家理念高度契合，但可以经常争论。胡华说，课程一定要有让家长产生“内应”的东西，才能让孩子们吸收。

（三）

今天的中国需要植根于中国文化的新教育探索，打造中华民族自己的幼儿教育体系。其实，这是幼儿园创建之初，胡华就坚定确立了的信念。十多年来，胡华一直保持着开放的心态，把任何有价值的信息都有所取舍地纳入实践探索体系中。

这本书是用还原真实场景的写法写成的，也表达了胡华崇尚的境界：在实践中完成真实的思考，而不是在书本中进行推断。当然，这样真实的写法必须得有实践以及实践中不断地思考。同时，只有保持高度的警觉性，不断审视自己的实践，才会有如此清晰的专业认识。

本书展示了十多年来胡华个人成长的心路历程。持续的自我学习、思考，将工作视为个人修为的方式，让胡华的思想与格局逐渐宽广起来，让她和她的团队与儿童以及他们的家庭保持着鱼和水般的互动交融，成为教育思想、灵感的源头。正因为有了胡华和她的团队细致、精微的思考和实践，才有了书里这些细腻而有质感的文字，读来有酣畅淋漓之感。

这本书也可以说是中华女子学院附属实验幼儿园的纪实自传，园长、老师、孩子都在书中真实地表达着自己，就像这个园所一直所坚守的，“成为我自己，我们在一起，按自己的节奏呼吸与思考”。

现在，胡华倡导的教育理念和充满文化质感的实践探索打动了许多正在追逐教育真谛的同行者。寻求幼儿教育真谛的中国远征队正在形成并日益壮大，正在砥砺前行。关于如何远播优秀的教育模式的问题，我和胡华有一个共同的认识：园长和教师的善良、真诚、有教育理想，远比受过多少专业训练更重要。其实，以敞开的内心、自身的善意、对儿童的敬畏、对文化的喜爱为资源，教育便成功了一大半。

此刻，胡华还在路上。我是胡华的朋友、幼儿教育的同行，也是她的粉丝团的一员，时刻注视着她，期冀她每一次远征都收获美丽的奇异果实。

陈学锋

2017 年 8 月 1 日于北京

原 序

“留白”，是为了让孩子诗意地栖居在大地上

在创办这所幼儿园的十多年里，有一个问题我一直没有放弃过思考：中国的幼儿教育究竟应该走向何方?

2007 年，我去美国一所大学做访问学者。这段访学经历对我的影响是很大的。我发现，我们无论怎么学习西方，哲学观念依然是中国式的。这些年，我和老师们一起学习中国哲学，体会着中国哲学独有的魅力。中国哲学的功用不在于增加积极的知识，而在于提高精神的境界，达到一种超乎现实的境界，获得高于道德价值的价值。中国文化的核心也不在于知识的丰富，而在于精神内核的塑造。

在经济高速发展的今天，我们有没有勇气依照中国哲学思想，完成一次教育的探索与尝试：即不再追求儿童学习与发展的速度和所谓全面性，转而追求一种和谐、一种空灵与一种“留白”？

“留白”是中国艺术特有的一种表现形式，也是一种哲学思想。“白”是东方文化推崇的极简主义的主要色调。“留白”意味着一种简单、安闲的生活理念。我们想为孩子们的思想“留白”，也想为他们丰富的想象力留出空间。因为孩子不是知识储存的容器，而是一个个鲜活的、立体的生命。我相信，这样的教育不仅更符合儿童发展的规律，而且也会让儿童在未来拥有主动探索的精神。“留白”展现出的应是一种无用之大用，将引导孩子们按照自己的节奏向未来前行。

在构思本书的过程中，我很想呈现这样几方面的思考：我们应该为孩子们构建怎样的物质环境与精神环境？因此，在本书的第一部分，我谈到了幼儿园外部的自然环境是如何呼应儿童学习的，也强调了内部环境“虚室生白”的特性以及有呼吸感的设计理念在儿童学习中的重要作用；第二部分，我阐述了作为办园者的个人和园所发展之间的某种关联，也谈到了我们是怎样从追求充实、多样、繁杂走到了删繁就简、回归本真、保持朴素与简约的道路上的；第三部分，谈到幼儿园的课程思想时，我表达了这样一个观点：好的课程应该让人惊讶于它来自平凡的日常生活，却又让人产生了“这样就好”的满足感。这样的课程蕴含着的“自然”“当下”和“一切都是最好的安排”的禅意，是非常符合“留白”的特性的。

这几年来，我一直在思考，引导儿童学习的过程中，教育工作者到底是要给孩子提供“记忆的脚手架”，还是“思考的脚手架”？当幼儿园里孩子们的学习围绕着问题展开的时候，问题不再是学习的起点，而是为儿童的思想与心灵提供了一个更广阔的空间。

这本书一直强调要为儿童的生命“留白”，为教育“留白”，也要为课程“留白”，为儿童的学习过程“留白”。当然，作为管理者的我，也很愿意为教师们的心灵“留白”。

人在与自然和他人的相处过程中很容易自大。教育者只有回归到人性、人心的谦恭中去，才有可能完成“留白”的教育。诚然，“留白”需要文化自信，这种自信应当建立在圆润通达的中国文化格局之中。我们也意识到，教育不仅要关注生命、关注生活，还需要关注生命与生活背后的文化。当我们的教育思想、管理思想不断精进，“为学日益，为道日损”，教育也走上了一条“大道至简”之路。

我们将思考放到更宽广的领域中，思考天地间人与万物的关系，幼儿园也释放出了更大的“留白”空间，散发出了独特的中国韵味。

我们深知，每一个成熟的儿童教育模式都有其独特的历史背景与社会文化生态。但无论何种模式，其核心都是了解儿童、尊重儿童。

这些年，我和老师们从思考者成长为了思想者，从无意识探索到系统反思，每个人都完成了从大脑到心灵的回归。就是这种状态，让这里的人把工作变成一个心灵的修道场，开始追寻生命中本自具足的力量。

这里所有的“留白”，都是为了让孩子能够诗意地栖居在大地上……

胡 华

2017 年 7 月 18 日于北京·花草园

目录

第一部分
有一所这样的幼儿园

第一章

隐于闹市，回归自然

对于儿童来说，自然不仅是构成教育的元素，而且更是他们未来获得幸福感的源泉。

喧闹的北京亚运村地区，有一所幼儿园。它坐落在马路的西面，走过的人如果不留意观察，很难发现这里有一所幼儿园。大门的墙面是素净的大理石，黑色铁栅栏门上一年四季随季节变换着花饰，错落有致。给人的感觉是，它就这样隐藏于闹市里。

孩子们最喜爱的葡萄架和树屋

葡萄架、小池塘、大树屋、石磨景观

走进大门会发现，与门外的车水马龙和喧嚣截然不同，园内安静雅致，如果没有操场西面那座大滑梯，这里就更像是一个居家庭院。进门处，黄色、红色的凤仙花和紫红色的三角梅，以及一些不知名的小花组成了一个花坛。每个季节，这个区域都会开出不同颜色的花朵。葡萄长廊正对着大门入口处，秋季，廊架上会结满葡萄。开学不久，孩子们就会迎来葡萄采摘的日子。紧挨着葡萄长廊的是一个小池塘，小池塘里住着小鱼和乌龟。乌龟常常会爬到石头上晒太阳，小鱼在水中自由畅快地游着。池塘上有个小小的喷泉，喷泉的水声让园子一下子灵动起来。园子北边的角落，有个倚着大树而建的树屋。站在树屋里，会看到蜿

1～2. 树屋荡桥
3～4. 小池塘、树屋也可以是工作区

蜒在几棵大树之间的绳索长廊，它连接着三个形态各异的小树屋。穿行过池塘，走过一段红砖铺设的游戏场地，有个石磨景观，石磨的孔里流淌出水花。石磨贴着围墙的一侧种着竹子，旁边有一截长着木耳的枯树干。

青砖地、泡桐树、翠竹、鸟巢

穿过进门处的木栈道，就会看到幼儿园的操场了。操场铺着裸露的青砖。下过雨后，青砖的颜色会变深，显得格外稳重。操场的一面是七棵茂密的泡桐树，春天，紫色的泡桐花撒落一地，孩子们总是欣喜地吸吮着花蕊里的花蜜。操场的另一面是三层的教学楼，墙面爬满了爬山虎。秋天，爬山虎的叶子变红了，更显秋意浓烈。操场的尽头，隐藏着一个被爬山虎掩映的玻璃小房子，那是孩子们的户外盥洗室。秋天的时候，孩子们能透过玻璃看到窗外红色的叶子。操场东面有一组木格栅，上面爬满了金银花，每到春天会散发出奇异的香味。和金银花相连的是一片竹林，四季都保持着青翠。园内操场旁的大树上，鸟儿在筑巢。每到夏天，孩子们会给小鸟制作鸟巢，然后认真地将它们挂到树上去。

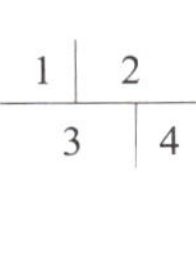

1 | 2
3 | 4

1. 雨后的青砖操场
2. 泡桐树下的游戏
3. 自然里的学习与探索
4. 竹林旁奔跑

挖土池、沙坑、树耳

对于孩子们来说，泥土的芳香是诱人的。幼儿园怎么能少了沙土石呢？大树屋下面，有个不大不小的挖土池。孩子们在那里挖掘、填埋、修建，潮湿的泥土给孩子们提供了另一种生命的能量。大滑梯的旁边，有个三池相连的沙坑，分别装着干沙、半干沙与湿沙。沙坑旁的小石屋，存放着孩子们挖沙的工具。在沙坑游戏的时候，他们赤足或蹲或坐在沙坑里，拿着玩具专注地游戏。院子里一共有 26 棵大树，每棵大树的下面，都有用泥土或石头围拢成的一个直径约 80 厘米或者更大一些的圆圈。这个圈圈有个好听的名字，叫树耳，它好像是树的耳朵，倾听着大树的诉求与呼唤。树耳上的石头被孩子们用不同颜色的材料装点成了他们喜欢的样子。

1	2	
3	4	5

1. 挖土池
2. 沙池游戏
3～5. 树耳涂画

屋顶花园、绿植墙

顺着教学楼的楼梯一路向上，屋顶的大花园赫然出现在眼前。冬季，这里的阳光最充足，孩子们可以在上面追逐、游戏。春天播种的时候，每个小朋友都会选择自己喜欢的植物种子播撒在木格子的“一米菜园”里。夏天，这里清风徐徐，孩子们扎好稻草人，不间断地给庄稼浇水、施肥，期待着收获。秋天，这里是晾晒苹果、柿子、萝卜干的好地方，孩子们可以吃到自己晾晒的苹果干、柿饼，也能品尝到美味的萝卜干。下雨的时候，屋顶花园的雨水不会白白流走，而是顺着管道流入楼下小池塘旁的雨水收集池，被用来浇花和养鱼。

冬天，万木萧条，但幼儿园依然有绿的存在。“一棵大树”被种在了大楼里。大厅的绿色植物墙有 11 平方米，镶嵌着两千多株植物，这些植物的叶面面积加起来不亚于一棵中型的大树。这里是孩子们开“森林派对”的好地方。

1 | 2
3 | 4

1. 屋顶花园里的观察　2. 孩子们为“一米菜园”扎的稻草人
3. 在“一米菜园”播下种子，许下心愿　4. 绿植墙前的“森林派对”

我们深知，儿童是自然之子，自然也是孩子们成长的起点。对于儿童来说，自然不仅是构成教育的元素，更是他们未来获得幸福感的源泉。在大自然的怀抱中，孩子们感受着“天地之气”的变化，也因此拥有了灵性的翅膀。

花花草草幼儿园

注：
花花草草幼儿园，简称“花草园”。

在幼儿园，“以儿童为本”从来都不是一句空话。在这样一个快速发展的时代，我所能坚持的，是在工具理性的制约中，为儿童教育机构调和出它应有的一种气质。我们可以把幼儿园想象成一个美好的、诗意的存在，2017 年的春天，我们开始称自己为“花花草草幼儿园”。

孩子们手绘的花花草草幼儿园园标

这一命名方式表达了儿童教育应有的意蕴以及我们对儿童的一种深情期许。花草植根于大地，仰望星空，能汲取天地精华，简单而快乐。幼儿园是个花草茂盛的地方，花花草草和孩子们让园里充满了灵性。这个听起来充满自然气息的名字一下子就赢得了孩子们的喜爱。儿童一直是自然的一部分。

在中国，大部分幼儿园的建筑是封闭的，这是暂时没法改变的事实。但对内的开放以及能够乐在其中的格局，会让孩子们更加地亲近自然，接近真我。我们的工作从来都不是围绕着一个建筑或一个场所而开展的，而是要关注里面的人，这不是静态的可望，而是一个动态的可游过程。

一个好听的名字解构了孩子们的生活，让他们能够随时感受到身在其中的美好，这个美好不仅包含着人与自然的关系，也包含着人与人之间的信任和感动。

孩子们说

唐果（时 5 岁）：我觉得“花花草草幼儿园”的名字很好，听起来就像春天一样。

颜好兮（时 6 岁）：我喜欢“花花草草幼儿园”这个名字，因为花花草草可以生长得很好，就像我们一样。如果要让我再想一个名字，我会在“花花草草幼儿园”前面加一个“美丽的”。

“森林般”的幼儿园

雨水花园、花草游戏台、电车教室、木栈道

2017 年至今，我们又完成了雨水花园、花草游戏台、电车教室与木栈道的设计与改造。

总有人问我：“你们的环境已经挺好了，为什么还要不断地丰富、改造呢？”

环境改造的目的是什么？这里有一个关键的问题：“环境为谁改造？”当然是为孩子们啊！因为孩子们喜欢新奇的体验，热爱自然，越接近自然的环境，他们的内心就越喜悦。当然，自然环境的改造也能够改变小环境的生态气候。这对我们这样一个临街的幼儿园也很重要。

我们坚持不懈地对幼儿园进行改造，目的只有一个，就是让幼儿园更加接近自然，让孩子们获得更多来自自然的力量。

2017 年的夏天，在幼儿园操场的北侧，我们修建了一座雨水花园。雨水花园环绕着主楼，宛如一条丝带蜿蜒环抱着孩子们生活的教室。孩子们站在窗前，就能看到两边长满了绿色植物的小河。为什么叫雨水花园呢？是因为我们利用屋顶的雨水收集器，在地面上建造了一个循环水系。每到雨季，雨水会通过三

1 | 2
3 | 4

1. 蓄满水的雨水花园
2. 在雨水花园戏水
3. 看小船在雨水花园顺流而下
4. 在小河上架起一座座桥

楼的管道倾泻而下，瞬间溢满河流。在河的两旁，我们营造出了几块小湿地，湿地上长着各种水生植物。雨水花园很小，但却很有意味。

6月，炎热的夏季。孩子们学习的主题是“探索幼儿园”。每个年龄班孩子们的学习都有自己的主题。小班孩子们的主题是“我家门前有条河”。孩子们结伴探索雨水花园里的石头、水花、湿地植物，之后，还要和父母一起为小河搭建一座桥。和爸爸妈妈一起建桥的过程充满了创造性。6月即将过去，孩子们会骄傲地带着他们和爸爸妈妈一起建好的桥来到幼儿园，摆放在河流的任意一处。这些横跨小河的桥梁无论是材质还是形态都各不相同，千姿百态，让人赞叹！

人类生命的早期逐水而居。文化的河、民族的河都与一个民族的历史紧密相连。我认为，没有河流的儿童学习是不完整的。

1. 花草游戏台上拓印的树叶
2. 在花草游戏台上游戏、记录
3. 花草游戏台的家长捐赠纪念牌

2018年9月，小滑梯旁边又多出了一个漂亮的水泥游戏台。游戏台的侧面拓印着好看的树叶纹路，所以孩子们叫它“花草游戏台”。孩子们可以在这里玩泥巴、画画，可以捣花泥、打桌球，也可以围坐在这里讨论问题，还可以把它当作小床、高地展开一系列想象游戏。这个水泥台是2018届毕业生家长集资兴建的，他们想用这样的方式表达对花草园的感谢与留恋……

2019 年夏天，我们又为孩子们建造了一间电车教室。这一设计起源于当年“六一”活动的主题。那一年，我们想用自己的方式向巴学园致敬，将活动的主题定为“今天，我们是巴学园”。在《窗边的小豆豆》一书中，教室是真正的电车，孩子们可以根据当天的心情自由选择自己喜欢的座位。在电车教室里上课、学习的孩子们，也是同乘一辆电车“旅行”的伙伴。

“六一”这一天，我们变身“巴学园”，怎么能没有电车教室呢？于是，“六一”前夕，在一位家长的帮助下，一辆真正的车来到了花草园。虽然它只是一辆报废了的面包车，不是一辆电车，但在孩子们心中，它就是一间电车教室啊！

自从有了电车教室，孩子们的探索变得更加丰富了。想要去“春游”吗？请带上“车票”上车吧。想要让电车教室变成“星空电车”吗？大班的孩子们在毕业之际为车的外身绘制了美丽的星空图案，这辆车一下变成了一辆独一无二的车，他们也将这一创作作为毕业的礼物，送给了我们。想要一间电车图书馆吗？小班的孩子们会和爸爸妈妈一起设计一座电车图书馆，通过制作小装饰、捐赠图书，一点一点地把设计变成现实。

1～2. 孩子们将一辆普通的车变成了“星空电车”　3. 在电车前拍摄毕业照
4. 在电车里游戏　5. 星空电车变身星空图书馆

2019 年的暑假前夕，有一个即将升入中班的小朋友问我：“园长妈妈，能不能在操场上也建一座桥？这座桥可以从我们的教室直通小池塘，也通向大树屋。”这个主意太赞了！

那一年的暑假，我们用最简单的方法实现了孩子们的心愿。操场上修建了两条可以连接室内与户外的“木栈道”，它很像是一座长长的桥，直通孩子们最爱的小池塘与大树屋。在户外游戏时，孩子们可以随时脱下鞋，光着脚丫在上面走来走去，选择一个自己最喜欢的地方游戏。

这两座最不像桥的桥，孩子们却非常喜欢。与其说孩子们需要一座桥，不如说孩子们需要的是一种与我们内在的精神上的联结，从而获得满足感。

我们的环境创设就是这样，联结着儿童丰富的精神世界。我们深知，儿童渴望和环境、和他人建立起深度的联结感，我们要做的就是理解他们。

连接班级与小池塘的木栈道

这些年，我对儿童与环境的认识也有了更多自己的思考。在创造自然环境的时候，我们不仅要体现出自然的本来面目，也要考虑人类生命的早期是如何和自然相处的。幼儿园一定要有花、草、树、木、水这些与人类探索相关的痕迹，因为这些生命的印记不仅满足着儿童学习发展的需要，还满足了他们精神和灵性腾飞的需要①。

儿童的世界，是一个充满灵性的世界。他们全神贯注的神情、天真烂漫的笑容和直通人心的话语，无一不展示着动人的灵性。灵性，可以让孩子更像孩子。孩子们的灵性一直都在，随时准备展示给懂他们的人。有灵性的孩子目光灼灼，他们的眼睛好似宇宙，里面藏着浩瀚的秘密……在这里，我们总能与孩子的灵性相遇。

① 胡华：《基于儿童视角与立场的幼儿园环境创设》，https://mp.weixin.qq.com/s/u8QCfOmNB-qeXY2ErdcZlQ，2017-10-27。

第二章

有呼吸感的室内环境

我们能做的，就是理解你们想法的本质！

一间小小的教室，对儿童而言，既是身体的居所，也是心灵的安放之处。我们的室内环境创设看似随意，但却充满着学习与表达的无限可能性。在这样的环境里，儿童享有很大的自主权，材料也不必拘泥地放在固定的位置上，会随着学习主题的变换与当下自然与季节的变化而变化，供孩子们尽情创造。

水杯架、藤椅、花篮、果实、花草

开学前，教室会显得有些空旷。不用担心，随着时间的推移，孩子们会用热烈的气氛一点点地将教室填满。教室里充满自然的元素。砖木混合的水杯架在新年的时候，会被装饰成一棵欢庆树。教师工作区摆放着藤条编织的椅子和

1 | 2
3 | 4

1. 自然清新的教师工作区　　2. 绘制大自然的颜色

3～4. 采集大自然的美好

麻布的靠垫，教师坐在上面的时候，仿佛也能呼吸到大自然清新的空气。班级里用来装物品的筐子和花篮都是自然材料，每一次的触摸都是愉快的体验。

孩子们还在窗台上摆放了很多自然的果实，如豆子、大米、花生、丝瓜。剥落下的核桃皮和等待晾晒的山楂、柿子都是他们观赏自然颜色的绝好素材。孩子们需要搬挪物品时，用的也是竹制的、大小不一的圆形盘子，这种触感是塑料制品不能代替的。屋子里纯木色的地板上有很多天然木头疖子，疖子会成为孩子们探索和聊天的话题。有着天然纹理的实木桌椅，散发出特有的木头清香。

教室里，教师和孩子们一起种植花草。即使到了冬天，这些花草也会让教室里有春意盎然的感觉。鲜花也会被制成干花，摆放在教室的角落。

学习墙、百宝盒、图书馆、天然植物标本

和一般幼儿园不同，我们的教室里没有被区域材料或家具分割成若干个空间，所有的材料都放在墙的两侧，等待着儿童用自己的方式打开。

我们的环境创设一直有自己的思考。基于空间提供给儿童可理解的、开放的、可互动的、可自由表征的象限空间。儿童有平视、俯视、仰视三个角度。平视的部分展示他们的学习过程；俯视的部分可以展示、表达潜意识与自我的联结；仰视的部分是儿童学习之后总结与提升的表征，这种能力也被称为“元认知能力”。儿童的创造力是很强的，他们总会用自己的方式将三个空间全部填满。

每个教室都有一面“主题学习墙”，这是记录孩子们学习过程的地方。孩子们每天学习中的思考，要探寻的问题，以及当下的一些认识，都会显示在主题学习墙上，供他们思考与回味。在学习的过程中，如果孩子们感觉到有问题或有疑惑，他们也能通过观察他人的活动或与教师展开讨论获得自己想要的答案。一个月的学习结束后，这些内容被教师整理、展示在一张大白纸上，张贴到一个固定的地方。一个学期结束的时候，孩子们所有的学习都被完整地记录了下来。在学习过程中，孩子们通过不断回忆、沉淀、思索，完成自我建构。

在教室里，儿童也有自己的秘密。当儿童的自我意识发展到不再仅仅停留于成人的关注时，他们需要一个相对独立且自由的、属于自己或者与同伴之间

的隐私空间。我们创设了很多属于他们的“秘密基地”。比如，教室里每个孩子都有一个属于自己的“百宝盒”，他们会从户外捡来羽毛、纸片、树叶、花朵、石头等他们认为宝贝的东西放在里面。很多孩子走进教室第一件事就是去看自己的“百宝盒”，这里收藏着他们的秘密，也是他们与自然联结、对话的方式。这样的环境带有很强的开放性与“留白”，给人的感觉是会呼吸的。

幼儿园每两个班就有一个独立图书馆。在教室与图书馆交接的地方铺着鹅卵石地面，孩子们可以脱掉鞋子，踩在鹅卵石上进入图书馆。图书馆的地上铺设着高于地面的地台，孩子们可以放松地趴在地台上阅读。落地窗让阳光一年四季都能充足地照射进来。图书馆里也有沙发，总之，孩子们可以用自己喜欢的方式读书。图书馆里的书也是应有尽有。老师们不会强调哪个年龄班的孩子适合读哪本书，孩子们可以自由选择自己喜欢的图书。这里会定期举办一些活动，比如，评选最喜欢的书、为图书馆起一个喜欢的名字等。因此，这里的每一本书都被孩子们“精耕细读”过。

1. 每个孩子都有的百宝盒　　2～3. 儿童图书馆

在幼儿园，环境是儿童和他人分享自我经验与感受的地方。他们可以通过各种方式分享自己的故事、秘密、心情与梦想。在这里，你看到孩子们分享自己对世界的理解的时候，一定会赞叹他们精神世界的丰富与深邃。孩子们喜欢的活动、精彩的对话，一一被教师记录下来，放在孩子们看得见的地方。班级有一些固定区域，这些地方张贴着一些关键词的描述，似乎在提醒教师，要用更适合儿童的方式指导他的生活和学习。

楼道的墙壁上悬挂着镶嵌着天然植物标本的镜框。这些标本不光有植物的常用名、学名，还有采集的日期和地点。老师和孩子们的笑脸照片也被挂在了每个教室的门口，这一张张笑盈盈的脸在楼道里闪闪发亮。在这里，每个孩子都能被“看”到。

1～2. 可以互动的主题学习墙　3. 楼道里的天然植物标本镜框
4. 楼道里悬挂的孩子们笑脸的照片

大厅里曾经有一个时钟，时钟上仅有四个刻度，它在用自己的方式告诉孩子们，不要被时间催促，要按照自己的节奏呼吸与思考。幼儿园每一个地方都体现着从儿童视角出发的全新思考。这些似乎想给孩子们一种暗示：我们能做的，就是理解你们想法的本质！

可以看见厨师的厨房

厨房是一个制造“幸福”的地方，孩子们每天吃的美食都是在这里制造出来的。但厨房也是一个神秘的地方，孩子们对这里充满了好奇，好奇食堂的师傅们是怎么工作的，这些美味的食物是如何制造出来的。

2018 年暑假，幼儿园对食堂进行了整修，让它的内部分区更加合理，方便师傅们工作。我们特意在厨房面向楼道的地方开了两扇大窗户。孩子们透过窗户，会看到非常漂亮的花砖墙，也能够看到厨师们忙碌的身影。窗户的高度是专门根据孩子的身高设置的。这样，从厨房经过的孩子不仅可以看到师傅们在做什么，还能热情地和师傅们打招呼。这样的情感互动，让食物、人与环境都有了更深的联结。

我们确信，教育不应只是为美好生活做准备，教育本身就应该是美好生活。

1. 食堂门口悬挂的各种厨具
2. 孩子们透过窗户向食堂师傅打招呼
3. 食堂外展示架上的模具和香料

“自然博物馆”

对花草园人来说，创造即生活。在户外环境变得越来越丰富的同时，我们也想着给室内环境再增添一些创造与新意。

2019 年的冬天特别寒冷，我们的心却格外火热。放假前，我们特别邀请了位于成都的一家设计公司——日敦社的设计师来花草园，一起商定室内环境的设计与改变。日敦社是一家有理想的设计公司，他们承接设计的幼儿园都追求简朴、自然。我们很快就达成了一致：室内环境设计要保持生活本来的样子；重视环境对儿童的滋养，要在看不见的地方设计出一种交融感；同时，要有创造的空间；追随儿童，也要寻找文化的适切性；运用设计的力量，将儿童、文化、课程、环境调和到一种融合状态。我们希望，打破喧嚣热闹的幼儿园室内环境创设的惯例，回到一种克制与冷静之中去……

1. 植物画框墙　　2. 孩子手写的木质班牌　　3. 节气角

去繁就简、沉静内敛、回归自然，才是我们希望为孩子们提供的成长环境。我们希望这里可以像“没有设计”一样，与现在的花草园自然地、亲近地融为一体。这样的设计，既是对自然环境的升华，也是对我们生活化课程理念的另一种表达。

1. 孩子手写的教育理念　　2. 教师荐书　　3. 植物拓印门帘
4. 扩大版儿童手绘花草园平面图

大厅是幼儿园这个“家”开始的地方，它既是温暖的，又是能够成为展示幼儿园个性的地方。花草园里充满着孩子们的痕迹，稚嫩的涂画与丰富的表达是儿童内心世界的映照，也是幼儿园里最美的色彩。我们把大厅的空间交还给了孩子们。大厅左手是一整面的黑板墙，上面不仅展示了花草园的教育思想，也在四周留足了空间，等待孩子们用自己的方式将其填满。《儿童宣言》也以展架的形式呈现了出来，原木材料的敦厚稳固，麻布的洁净柔软，如同《儿童宣言》中的文字，温暖而有力量。

我们将最能代表花草园的花花草草设计成了植物画框。画框里的植物有很多是生活中收集的植物标本。自然干枯的凌霄花、路边树干上自然剥落的树皮、散步时在湖边偶遇的小草……都出现在了画框里。画框里的植物标注了中文名和拉丁文名。我们希望把自然界里真实存在的植物，以一种正式的方式介绍给孩子们。所有的文字均为手写，有一种回归手作的感觉。这些植物画框放置在了很多地方。自然的气息在这里流动，让穿梭的老师和孩子们有了更多的沉浸于自然的体验。

2020 年春天，突如其来的新型冠状病毒肺炎疫情打破了生活的节奏。在那个不能开学的超长假期里，孩子们不在身边，我们依然在用心装扮着他们最喜爱的花草园。粉刷墙壁、挂上画框，摆上新版的《儿童宣言》。花草园像极了一间自然博物馆。

1	2	4 5
3	7	6

1. 展示幼儿园理念、可供儿童创作的黑板墙　2～3. 用展架呈现的儿童宣言
4. 植物画框　5～6. 寻找新变化的孩子　7. 儿童作品展示墙

孩子们说

艾一辰（时 6 岁）说：“从一楼一路走上去，好像到了自然美术馆，墙上的画框都太美了，每一个路过的人都被迷住了，我忍住呼吸，不想打扰到镜框里的植物精灵……”

在不确定的世界里，能确定的是我们的心

童年有其独特的文化价值，儿童的存在本身就是对人类生活的巨大贡献，但他们的文化价值却常常被成人忽略。我们不仅要能够站在儿童的视角，理解他们的想法，还需要给儿童真实表达、真实创建的机会，帮助他们将想象变成现实。建构一个真正意义上适合儿童发展的幼儿园，一定要有儿童自己的创造，这才是有意义的、有生命力的幼儿园环境。

好的教育环境也是人和环境相互作用的结果。幼儿园的环境创设应从儿童出发，通过对话的方式来完成，其本质是文化的再现，它是动态的、发展的、生成的过程，也是人与环境和谐共生与创造的过程。而儿童和环境的关系，最终体现为在文化穹顶下所展示出的一种共生、共建、连续、共享的和谐关系。

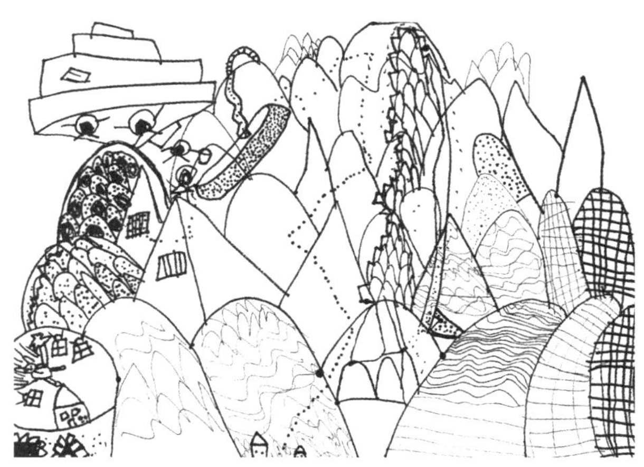

第三章

道法自然，本真学习

在这里，学习是一种心灵的体验。孩子们将不带任何功利与先入之见，以天真质朴的本来之心与世界的本来面目浑然相融。

我的乡村生活

2013年，因为身体原因，我住到了北京郊区的乡下，过上了一种简朴、自然的乡村生活。庄子说："朴素而天下莫能与之争美。"如果一个人能保持淳朴本性，就是世界上最幸福的人。乡村生活淳朴、自然，心总是安静的，也让我有机会观照内心，开始对人生、对教育做更深入的思考，这样的思考也影响了我对教育的认识。

"土地不仅是万物生长之地，也是文化的大地。"自然对儿童的影响是巨大的。四季变化、斗转星移，这一切对儿童的真正意义是什么？我终于意识到，我们的"生活化课程"不单是指儿童的生活，更是"共同生活在一起的我们，每一个人的生活"。我希望，"生活化课程"的编织按照"四季线索"来进行。孩子们不用每天坐在教室里，他们的学习应按照四季变化有序地展开。

我相信，当教育特别"自然"的时候，教育的气场就会形成。

大地为我们提供了丰富的食物

春生

春天到来的时候，孩子们迎来了春季学期。早春的日子，孩子们会特别渴望接近大自然。小池塘经过一个冬季的休眠迎来了“开塘仪式”。孩子们和管理小池塘的于叔叔一起，清洗小池塘里的石头，然后放水投鱼，在心里默默许下心愿。之后，他们种下花草，迎接喜悦。平日，他们可以三五成群趴在地上研究蚂蚁，围着大树拓画，在园子里进行种植活动。幼儿园大门口的桑葚紫了的时候，孩子们开始用桑葚汁做扎染，也开始了用嫩桑叶喂养“蚕宝宝”的活动。他们了解蚕宝宝的习性，开始体验照料一个生命的庄重与责任。

天气渐渐暖和起来，他们有了更多的户外活动时间。“太阳日”“云朵日”“播种日”……一个个的节日接踵而来，给春日的生活增添了更多乐趣。他们喜欢在户外阅读。在阅读小组里，大家读故事，分享阅读感受。他们也会和老师分享自己家里的图书，哪些书是爸爸妈妈的，哪本是自己读的第一本书。他们还

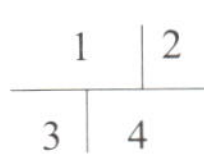

1. 户外阅读
2. 桑葚熟了
3. 播种日
4. 小池塘开塘啦

会想起，在每个生日，幼儿园送给他们的生日书。此时，图书成了他们憧憬未来和寄托梦想的承载。当心中的美好不断充盈的时候，他们开始用手中的相机、画笔记录下幼儿园里最神奇、最美好的地方，制作成一本本的图画书——《我心中的幼儿园》。

在这个季节里，爸爸妈妈也投入孩子们的学习探索中。孩子们和爸爸妈妈组成家庭学习小组，对自己感兴趣的问题进行深入研究。全家人一起走进公园、图书馆、博物馆，寻找问题的答案。每个人都成了“学习达人”。孩子们特别享受这样的发问和探究学习，而和爸爸妈妈一同回忆学习的过程也成了他们心中最温暖的时刻。

对于大一点儿的孩子们来说，春天里还有一件很重要的事情——他们开始关心什么是梦想。当他们唱着“我们的梦想，一定要坚持，即使遇到再大的困难也不放弃……成为我自己，我们在一起，按自己的节奏呼吸与思考”时，这首幼儿园的园歌《大大的梦想》，成了他们生活中最美好的回忆。

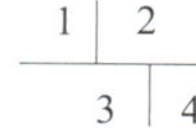

1. 春游
2. 屋顶赏花
3. 画下盛开的郁金香
4. 收集泡桐花

夏长

夏日炎炎，但花草园有自己的凉爽，茂盛的大树为孩子们遮住了烈日。此时，花草园变身成茂密“丛林”，孩子们开启了每天5小时的户外、多主题的探索学习活动。他们寻找自己感兴趣的主题，自由组合，组成学习小组，在老师的带领下，筹划着对花草园来一次深度探索。他们“安营扎寨”在“丛林”里，开始了长达两个月的学习和研究。

每天，他们和大自然里的一草一木、一虫一鸟进行着平实却又深奥的对话。他们见微知著，用自己的方式测量小池塘的大小，了解小池塘的水量，计算出池塘下面石头的数量。他们研究影子，绘制户外遮阴图。蚂蚁、蜗牛、小鸟、蝴蝶、花朵、蔬菜都成了孩子们探索学习的对象。每天的学习结束时，他们坐在自己搭建的帐篷里，和老师一起聊一天的发现与感受。

下雨天，他们会穿上雨鞋在户外奔跑、戏水。他们也可以打着伞踏雨而歌，或光着小脚丫在木廊上行走。天气好的时候，孩子们和老师们还可以打一场酣畅淋漓的水仗。

孩子们愉快的夏日游戏

秋收

秋高气爽的日子，幼儿园迎来了新入园的小朋友。陌生的环境让他们有些许紧张。但是，不用担心，老师和爸爸妈妈会和他们一起动手缝制一个布娃娃。

布娃娃每天陪他们在幼儿园生活。中午，布娃娃陪他们进入梦乡。下午，布娃娃和他们一起等待父母接自己回家。孩子们可以带布娃娃去“旅行”，学习爸爸妈妈照顾他们的样子。大树下、池塘边、沙坑旁、大滑梯上，都有孩子们带着布娃娃游戏的身影。当葡萄一串串变紫，孩子们和布娃娃一起摘葡萄的时候，他们喜欢上了这里的生活。

北京的秋天是最美的。中秋前后，天气不冷不热，昼夜的长短也划分得非常均匀。天那么高，那么蓝，那么亮，孩子们怎么能辜负这样的好天气？他们和爸爸妈妈一起开始了探寻北京的学习。一家人行走在北京的大街小巷，用耳朵听北京的声音，用舌头尝北京的味道，用相机记录下北京独有的美。孩子们用双手搭建长城，让“万里长城”在幼儿园重现。他们制作冰糖葫芦，听老爷爷讲北京胡同的“精妙”之美。最后，他们将自己用所有感官捕捉到的信息，绘制成了一幅《我的北京地图》，定格属于他们的北京专属记忆。

也有一些孩子，和他们的爸爸妈妈选择走进社区。他们记录社区的树、花园和停车场，和爸爸妈妈一起绘制从家到幼儿园的行走地图，蓦然发现，自己常住的小区和一条常走的小路都可以这般美好。于是，他们拍摄了一部自己的微电影《我们的社区》。

当叶子飘落的时候，孩子们开始躺在厚厚的落叶上冥想。他们用脱落的树叶搭建叶子床，一起玩着“叶子雨”的游戏，这是整个秋天他们最喜欢的游戏之一。园子里的果实也开始收获了，孩子们心满意足地享受着大自然的馈赠。

秋天是大自然的丰收季。山楂、苹果，还有黄灿灿的柿子都是孩子们的最爱。他们可以在幼儿园进行一场削柿子皮大赛，之后，和老师一起把柿子肉晾晒成柿饼，把柿子皮做成酵素肥料。

	1	
	2	3
	4	5
	6	

1～2. 布娃娃伙伴
3. “叶子雨”
4. 用相机留住秋天
5. 削柿子皮比赛
6. 每年秋天，我都会从村里采摘新鲜的柿子，送给孩子们

冬藏

秋去冬来，幼儿园迎来了第一场大雪。滑梯上堆满了雪，孩子们从滑梯上嗖的一下冲下来，竟然有了飞翔的感觉。之后，他们和老师一起打雪仗、堆雪人，天气再冷一些的时候，他们开始做各种冰灯。

冬天里的游戏

孩子们最喜欢的美食月也在一年的最后一个月来临了。妈妈们把爱的味道带到了幼儿园，滋养着孩子，也丰润着自己。孩子们不仅要了解“食物金字塔”的奥秘，也要学习用淀粉给家人写一封“神秘信”。孩子们还尝试着用石磨磨面粉，然后用这些面粉蒸出美味的馒头。在制作馒头的过程中，他们发现，发酵是一件十分神奇的事情，关于这个话题的科学探索就此展开……这个月，孩子们会和老师、家人一起制作各种传统美食，传承家与文化的味道。

新年大庙会

寒冷的冬日挡不住孩子们火热的心。新年将至，小伙伴们一起包饺子、剪窗花、扫房子、写福字、贴春联。一年里的最后一天，在家长和老师们的共同努力下，幼儿园一夜之间成了热闹非凡的大庙会现场，孩子们穿上节庆的服饰，拿着庙会"通关文牒"，自由地穿梭在各个摊位前，感受不同的风土人情，在品尝美食的同时，领略各地不同的文化习俗。

一年的生活即将结束，对孩子们来说，这是一个新的开始。他们和老师围坐在一起，回顾一年经历过的有趣故事，分享活动的精彩照片。孩子们也可以加入清点教室玩具、图书的工作中，他们可以惊喜地找到自己曾经遗失的书籍与不经意间藏在某个角落里的礼物。回顾中的感恩最重要，他们认真体会爸爸妈妈陪伴的意义，感谢老师的支持与鼓励，感谢小伙伴们的接纳，也感谢自己的快乐成长。

在这里，学习是一种心灵的体验。孩子们将不带任何功利与先入之见，以天真质朴的本来之心与世界的本来面目浑然相融。

畅游日

每周五的"畅游日"是孩子们特别期待的日子。这一天，孩子们的天性可以得到尽情地释放。他们可以和纸箱做游戏，也可以和花朵亲密接触；他们可以来一场"枕头大战"，也可以运用蔬菜和水果榨汁、尽情创造；他们还可以变身成"科学小达人"，用生活中常见的材料，开启一场有趣的实验。"畅游日"也是孩子们用来发泄剩余精力的日子，孩子们搭建"城堡"，构筑防御工事，建造迷宫，玩得不亦乐乎。同样，"畅游日"也可以是演绎经典故事的日子，他们可能是《西游记》中的经典角色，在幼儿园这座"花果山"中恣意创造；也会变身成"蚕宝宝"，体验"破茧成蝶"的成长与快乐。当孩子们的梦想与现实碰撞的时候，他们开始相信：未来，一切的想象都有可能变成现实。

这些探索与实践，我们于 2019 年写成一套系列丛书《幼儿园生活化课程——回归传统、自然与本真》，由北京师范大学出版社出版。

1	2
3	4
5	6

1. 演绎《西游记》
2. 纸箱游戏
3. 幼儿园是座“花果山”
4. 幼儿园里的“家庭餐桌”
5. 水果榨汁
6. 孩子们手绘的班级标志

第四章

儿童宣言

孩子们庄严地朗诵着这份《儿童宣言》，这份承诺已经镌刻在了他们心里，让长大后的他们能够仰望星空，脚踩大地，温暖而自信地站立着。

2011 年冬季的一天，我突发奇想：如果 20 年后，在幼儿园生活学习过的孩子们又聚在了一起，他们能谈论些什么呢？在幼儿园学习过的知识？可能已随着时间的推移渐渐忘记；曾经有过的美好回忆？也会随着岁月的流失渐渐模糊；曾经的“生活化课程”里那些打动人心的讨论，在现实的重压下，也许已经全然忘记。有没有什么东西不仅能够在孩子们的心灵深处留下烙印，在现实世界里也能够成为孩子们行动的座右铭？同时，因它鲜明的标志性，也能借此帮助孩子们将童年的这段美好永存心间？

在“生活化课程”探索的初期，注重开放性，注重心灵层面的学习已经成为我们的基本要求与主张。但我总感觉，仅有这些是不够的，还应该有一些更落地的东西。这些东西应该能和课程形成呼应，让孩子们不仅能够在思想的上空游弋，而且也能够在平实的生活中获得认同与接纳。于是，我们开始思考，哪些要求是孩子们在未来的社会中必须了解与掌握，最终形成习惯终身受益的。儿童的成长离不开生活、游戏、学习，同时，与他人的交往、自身拥有的信念与理想等，对他们来说都是一些重要的成长维度。

一个教育机构不应只关心儿童当下的成长，更要着眼于他们的未来。幼儿园推崇快乐成长的理念，但并不意味着孩子们没有约束，可以随意发展。在幼儿园里，规则的学习是非常重要的，但规则该由谁建立、由谁评判则是个值得思考的问题。在花草园里，规则是由孩子和老师一起建立的，每个人都有权利表达自己对事物的认识与看法，一起确立规则，孩子们会用自己能运用与理解的符号将其表达出来。这样确立规则的过程是每个

儿童节，尽情游戏的孩子们

自在的游戏与生活

人积极参与的过程，孩子们的认识与坚持性都特别稳定。令人称道的是，孩子们讨论出的规则通常和成人的合理要求高度一致。

有没有一种方式不仅在孩子们的心灵深处留下烙印，在现实世界里也能够成为孩子们行动的座右铭？孩子们思想的自由与开放并不能完全代表他们的成长。他们的成长还应该有一些更实在的东西。这不仅能让他们的思想游弋，也让他们能够在平实的生活中获得认同与接纳。当这样的思考被还原到真实的生活场景中去的时候，我先试着按照自己的思考与理解起草了基本段落与内容，之后交由老师们讨论补充。几易其稿后最终在 2014 年年初完成了初稿，并将其命名为《儿童宣言》。

2020 年 4 月，在新型冠状病毒肺炎疫情期间，我们做的最重要的一件事情，就是将《儿童宣言》做了补充与修订。这一版的《儿童宣言》增加了“与自然相处”的部分，添加了“独处时应做什么”以及“如何感恩生活”。在“生活习惯”层面，增加了更多细节，如“分餐进食更卫生”“感冒时，记得戴口罩”“勤洗手”等要求；在“与自我的关系”层面，增加了“每天留出时间做自己喜欢的事情”等内容；在“与他人的关系”层面，丰富了“与父母相处时”的内容；在“与社会的关系”层面，增加了“感恩”等相关内容。

这份新的《儿童宣言》凝聚着花草园人在新型冠状病毒肺炎疫情期间的集体反思。

中华女子学院附属实验幼儿园
《儿童宣言》

上了幼儿园，
我知道，
我长大了。
长大是一件美好的事情，
长大意味着有能力去做很多事情。
长大意味着开始知道有很多事情是不能做的。
真正的长大，
是学会了对自己和他人负责任！

我开始知道：
在哪里，和谁一起，
吃饭都是一件美好的事情。
我们要做到：
吃多少，取多少，细嚼慢咽，
分餐进食更卫生。

感冒时，
记得戴口罩。
即使没有感冒，
打喷嚏与咳嗽时也要捂住口鼻，
对别人说“对不起”。

自己的垃圾自己处理，
尽量减少制造垃圾。
了解垃圾分类方法，
因为，垃圾也是放错地方的资源。

上厕所是件私事。
如厕时关好门，
不便溺于外，
厕后要冲水。

时刻记得，
不给别人找麻烦，
这能让我们生活得更安心。

早睡早起，
身体才能更健康。

外出回家记得先洗手，
饭前便后也不要忘了洗手。
“七步洗手法”一定要牢记。

如果能够把自己照顾好，
也是一件了不起的事。

要试着体会，
朋友是一生的财富，与他们相处时：

倾听与尊重他们的想法，
有好的表现不炫耀，
别人有好的表现时要替他们高兴。

一起游戏时，
即使输给了别人也没必要生气。
收到别人的礼物，
应该感谢，不应嫌弃。

每天留出一些时间，
做一件自己喜欢的事，
安心享受这件事情带来的快乐。
独自一个人时，也可以很享受。
读书是独处时的最好选择。

与大人相处，应做到：
有礼貌、有分寸。
与他们交流，
要看着他们的眼睛。
如果他们问问题，
要马上回答。
收到礼物，
应双手接过，表示感谢。

感谢爸爸妈妈给了我生命，
并一直精心照顾我。
享受和家人在一起的每一个时刻，

如果能制造一些惊喜，
他们一定更开心。

在幼儿园里，
见到每个老师都要问好。
发言时要起立。
有问题尽量自己解决。
有小便或者喝水时，
请从别人后面悄悄绕过去。

走在前边的小朋友要为后边的人提供便利。
老师和小朋友谈话时不要打断，
学会安静地倾听。

在公共场所应保持安静。
如需排队，
请在队伍中耐心等待。

外出时，
随身准备一个垃圾袋，
做到垃圾不乱扔。
乘坐车辆时不打扰司机。
要学会对为我们服务的人表示感谢。

走楼梯、搭乘电梯或乘坐公共交通工具时，
要先下后上，
尽量站在右边，

请赶时间的人走左边。

与自然相处，谨记：
人类离不开大自然。
我们需要大自然，
但很多时候大自然并不需要我们。
如果森林消失，世界就会灭亡。

自然中的一花一草、一虫一鸟，
和我们一样，
都是宝贵的生命。
试着和他们做朋友，
好好照顾他们，而不是伤害他们。

自然很美，但我们也不能过度打扰大自然。
自然有一条无法避开的“隐形线”，
一旦踩线，会产生一些可怕的后果。

地球上的自然资源是有限的。
洗完手，及时关好水龙头。
能用一张纸完成的事，不去浪费第二张纸。
随手关灯，节约用电，
不浪费粮食和蔬菜……

从身边的小事做起，
也能让世界变得更美好。
虽然我们很小，

但对这个世界，
也有自己的观点和看法。

每天都应思考，
今天我过得怎么样？
要做的事情完成了没有？
哪些是让自己满意的？
改正错误要及时。

做任何事情，
都应守时，
安心、条理很重要。

入睡之前，闭上眼睛，
默默感恩今天发生的一切美好。

自己的理想，
一定要坚持。
无论如何，都要诚实。
坚持信念更重要。

长大后，
我们也应谨记这些要求，
只有这样，
才能成为更好的“我自己”！

自信的儿童

孩子们说

孩子们很喜欢《儿童宣言》

孙颢瑄（时 6 岁）：“《儿童宣言》是我们在花草园里学习的最重要的一首诗。”

魏楚潼说（时 5 岁半）：“《儿童宣言》对我有很多帮助。它可以让我懂礼貌，还告诉我怎么跟别人相处、怎么和大自然相处。读《儿童宣言》让我很快乐，能让我恢复自己心中的平静和安宁。”

杨又鸣（时 4 岁）：“它帮助我变成了一个大孩子。”

当孩子们庄严地朗诵着这份《儿童宣言》时，承诺已经镌刻在了他们心里，让长大后的他们能够仰望星空、脚踩大地，温暖而自信地站立着。

有人说我们幼儿园很像日本的“巴学园”。和“巴学园”一样，这里也有一个非常热爱孩子们的园长，每天都会和小朋友聊天，是孩子们最好的朋友。和小林校长一样，我也愿意为孩子们做任何事情。有人说它像英国的“夏山学校”，崇尚快乐、民主，重视每个孩子的成长，也同样被家长们誉为最富人性化、最有人情味的幼儿园。它也像蒙台梭利的“儿童之家”，在这里，你能够看到教师们对儿童无限的尊重与热爱。他们和孩子们一起学习、生活，只为了拥有一颗和孩子们一样热爱生活的心。它也像意大利的“瑞吉欧教育”，老师们每天要倾听儿童，记录下他们的“100 种语言”。它也像这些年备受推崇的“方案教学”，从孩子们的认知原点出发，建构出适合他们的学习体系。但无论它像什么，作为幼儿园管理者的我有一个信念：这里的一切，都是为激发孩子内在生命的渴望，让他们的认知、情感、精神与灵性都能饱满起来。希望长大以后的他们，热爱生活、热爱世界、内心庄重，从里到外都透着中国人自尊、自信和庄严的气质。

成为我自己，我们在一起，按自己的节奏呼吸与思考

第二部分
梦想并不遥远

第五章

梦想在心间

十多年来，我有一个非常清晰的目标，那就是做一所最好的幼儿园。这个『最好』不是别人眼中的最好，而是自己心中的最好。对我而言，这个应该更难一些！

刚参加工作的我

我曾是一名专业课教师

1986年，从北京师范大学教育系学前教育专业毕业的我，被分配到了北京市幼儿师范学校任教，教授“幼儿教育学”等课程。我在这所学校工作了14年。14年里，我教过很多的学生。我很喜欢这份工作，是这份工作将我从一个懵懂青年变成了一名受人尊敬的教师。

当时，我讲的课特别受学生欢迎。学校遇有重大活动，也大都是由我来承担专业课的公开教学。其间，我在各类教学大赛中屡屡获奖。1994年，我代表学校参加了北京市22所师范学校选拔出的110名教师参加的“青年教师基本功大赛”，获得了“口语表达”第一名的好成绩。1999年，35岁的我，已经获得了中等专业学校的最高职称——高级教师的称号。

重要的一件事

1997年，教育部拟对全国幼儿园园长进行一次全面培训，培训的口号是“一个好园长就是一所好幼儿园”。我和学校的几位老师代表北京市幼教师资培训中心，被派往江苏省丹阳市参加一个对培训者的培训（Training of Trainer, TOT）。一周多的时间里，我们学习到了很多新的教育理念，带给我的冲击也是非常大的，感觉很多专业认识与思想都需要重新确立。

回到北京后，我们需要通过培训把先进的思想转达给全市的幼儿园园长。培训工作很快开始了，前来参加学习的园长是当时北京市为数不多的“双一园”（一级一类幼儿园）的园长。第一次讲课，我很紧张，明显能够感觉到台下众多优秀园长形成的一股强大气场。但随着讲课的深入，园长们对我的讲课日益认可，觉得我的课有自己独立的思考、有自己的风格，也有较强的现实指导意义，给予了我较高的评价。

一次课程结束后，一位园长找到我：“你讲得不错，但你讲到的这些问题有很多在现实中是无法解决的。”真的是这样吗？我开始思考，很多时候，批评与批判是容易的，但是，你在批评别人的时候，或者以专业名义指导他人的时候，你能做到你“说”的那样吗？

2000 年，园长培训班已举办了多期，我也成为北京市幼教领域有一定影响力的培训者。此时，一次机缘巧合，我遇到了当时在中国儿童中心工作的心理系校友陈学锋。当时的中国儿童中心是国内最大的以儿童为研究对象的科研与活动中心，知名学者云集。陈学锋和几个同事创建了一所新型园所——小白鸽幼儿园。这所幼儿园依托专业力量与中国儿童中心的地缘优势发展迅速，很快获得了市场认可。后来他们又兼并了一所部委幼儿园。快速的发展急需管理人才，陈学锋希望我能和他们一起工作。

学锋（左）和我

陈学锋对我说:“不要着急抉择，可以先试一试。”就这样，从那年的春天开始，我尝试在不上课之余参与他们的一些工作。转眼到了 7 月，学锋找我，她对我说:“在中国儿童中心的工作也许不能给你更高的收入，但是能够给你机会。”这句话当时对我触动很大。我在北京市幼儿师范学校工作了那么多年，已经看到自己的未来了，但内心深处一直有一个感觉，就是好像从未对自己的工作与生活满意过。

我决定接受挑战，从北京市幼儿师范学校调入中国儿童中心科研处工作，负责两所幼儿园的管理与指导。说实话，做出这个选择不仅跨度大，而且也让我的生活改变了不少。但当时，我毅然决然地做出了选择。

机会来了

2003 年，我已在中国儿童中心工作了三年。由于中国儿童中心的一些工作调整，感觉自己离“专业”似乎越来越远。此时，中华女子学院的领导找到了我，希望我能够去当时的学前教育管理系工作。系主任王练老师专程到中国儿童中心和我谈了一次话，表达了他们想选一个人筹建一所实验幼儿园的想法。

作为北京市为数不多的开办了学前教育专业的高校，中华女子学院一直没有自己的实验幼儿园，他们想做一所高品质、专业性强、能够对同行有示范作用的幼儿园。我几乎没有犹豫，就决定接受这个人才引进计划，去中华女子学院工作。

中华女子学院

筹建一所全新的幼儿园，太有挑战性了。做出这个决定后，我的心情一直非常激动。或许，这是因为离我心中怀揣的梦想——打造一所高品质的幼儿园越来越近的缘故吧……

感悟：

这是一段关于梦想如何开启的故事。

第六章

经历是一个人生命的底色

生活经历造就了每个人对事物的不同看法。

童年生活

我出生在新疆维吾尔自治区乌鲁木齐市。从出生开始就居住在新疆财经大学的校园里，直到1982年去北京求学。新疆财经大学的校园承载着我童年的全部美好回忆。

我的父母都在这所学校工作。和大院里大部分的叔叔阿姨一样，他们是20世纪50年代来自祖国各地的建设者，有抱负、有理想、有激情，对祖国怀有深厚感情。

我们居住的大院北面，有一片茂密的森林，很美，也很幽静。春天，沙枣树开花时，一起床就能闻到空气中沙枣花特有的香气。夏天，林子里开着各种野花，野兔子飞快地奔跑，清澈的溪水总是没过河床里的小石头。我们喜欢用脚去蹚水，水凉极了，大人们说这是天山冰川融化的雪水。

我们在森林里拾柴、追蜻蜓、摘沙枣，还经常围坐在一起唱歌、跳舞、做游戏，这个林子就是孩子们的天堂……

我们的大院绿树成荫，图书馆、电影院、洗澡堂等生活设施一应俱全，还有大片的菜地，俨然一个小独立王国。直到今天，我依然觉得，那里才是我心灵的故乡。

我和哥哥都是出生56天后就开始幼儿园生活的，幼儿园就是我们的另一个家。记忆里，幼儿园的生活特别美好，虽然很想念爸爸妈妈，也很想家，但快乐的生活让我们经常忘记了想念。

幼儿园紧挨着森林，穿过一个小铁门就能走到里面去。幼儿园的阿姨（当时都这么称呼）是院里的家属，对我们特别好，我们有什么想法，她们都会尽力满足。我们想要把地毯抬到院子里玩（当时地毯是贵重的东西），她们也不会反对。我们能够自由地走进食堂，看看每天吃什么。食堂里操着四川口音的唐师傅，幽默风趣，总喜欢和我们开玩笑。如果中午我们睡不着觉，阿姨们也从不会发脾气，她们会在我们的眼睛上蒙上一块小手绢，很快，我们就睡着了。

1973 年，我和爸爸、哥哥在一起

直到现在，幼儿园阿姨们的样子我都清楚地记得，贺阿姨、周阿姨、温阿姨、牛阿姨、杨阿姨。父母不在身边的孩子总会有点脆弱，那个时候，她们给了我们很多的爱，这些爱一直温暖着我的童年生活。

现在的我，很能理解德国的“森林幼儿园”为什么能够成为一个优质的教育概念与品牌。因为，森林对孩子心灵成长的意义太大了，只有那些真正感受过大地之美的人，才能够体会到生命真正的力量究竟来自何处。我确信，如果一个人童年曾经在森林里生活过、游戏过，他的精神世界中对真善美的追求一生都不会改变。

两岁的时候，父母到昌吉回族自治州呼图壁县的戈壁滩去开垦荒原。那是一段艰苦的日子。开始的时候，他们只能住在地窝子里。后来，他们自己打土坯、烧砖头、盖房子、种地、养猪，过上了自给自足的生活。生活条件好一些之后，我们跟随父母去了干校。干校的生活对孩子们来说妙不可言，不仅能够天天见到父母，还吃得好，生活自由。我们大胆地尝试着各种好玩的游戏。我和小伙伴们追过野猫，把小伙伴埋在深深的草垛子里，偷摘过向日葵，躲避过狗的追逐，光脚走在戈壁滩的蒺藜草上。那时候的我们，每天就想怎么玩才能更开心……

我们的童年就这样在大自然里无忧无虑地度过。虽然我们是自由玩耍长大的孩子，但受父母的影响，对读书都有特别强烈的兴趣。除了森林，学院的图书馆也是我们喜欢去的地方，这让我们的“玩”变得有了节奏。夏天，我们会在林子里玩半天，然后去图书馆“玩”半天。冬天，我们上午在冰场上滑冰，或在大菜窖的坡顶上滑雪，下午去图书馆看书。

感悟：

童年生活留给我的记忆一直都是那么美好。

在我的心中，校园、森林、幼儿园、图书馆、干校、戈壁、雪山、野花、蜻蜓……都是美好的代名词。我所经历的这一切，奠定了日后开办一所幼儿园的情感基础。

大学时代

1982 年，我准备参加高考。那个年代，高考并不是唯一的选择，还有很多的就业机会。但在我们生活的高校环境里，大人的共识是孩子一定要读书。

读大学要选专业，我们开了个家庭会议，父亲想让我学中文，我自己想学医，妈妈说："你不是喜欢小孩吗？为什么不学一个和儿童相关的专业呢？"

那时候，北京师范大学的学前教育专业，招生简章里的描述特别动人，要学习钢琴、舞蹈，都是我喜欢的课程。还有，从小我就特别喜欢小孩子，我喜欢小孩子的眼神，清澈、干净。

那一年高考，我发挥出色，被第一志愿录取。虽说北京师范大学学前教育专业当时的定位是培养儿童教育的研究者和高校教师，但得知我被这个专业录取的时候，同学们都觉得不可思议，纷纷跑来问我："你将来要当一个幼儿园阿姨吗？"

不管怎么样，当时我是带着一份喜悦和满足奔赴北京的，开启了新的生活。9 月的入学教育，学校请来了特级教师、北京师范大学一附中的校长陶卫老师给我们做报告。陶老师问："你们为什么要选择学前教育专业？"我的回答是："这是一个在国内几乎不被人关注、也没有很多人涉足的行业，它一定是有发展前景的。"陶老师说："我也是这样看的。"他还说："你们就是中国未来学前教育的希望，中国学前教育发展的重任就落在你们这些人身上了。"当时的我们听得心潮澎湃，会议结束后还在宿舍里热烈讨论。

北京师范大学崇尚平等、民主的师生关系，学习也都是开放式的。

教我们课程的老师都是非常优秀的学术大家，他们给我们留下了极深的印象。我们的“普通心理学”是由彭聃龄老师和郭德俊老师共同教授的。彭老师当时刚从美国哥伦比亚大学学成归来。担任“儿童心理学”教学的是陈帼眉老师，她是我国儿童心理学的奠基人之一，她的课让我们知道，很多科学严谨的实验是怎么支撑起一个学科的。冯晓霞老师当时是陈帼眉老师的助教，在“儿童心理学”课上，冯老师给我们布置了一个作业，到北京师范大学附属实验幼儿园选择一个小孩做一年的个性追踪，最后完成一份个性鉴定报告。

第一次的观察结束后，冯老师表扬了我。我在报告中写道：“我观察的对象叫刘一楠，他发现我在看他的时候羞怯地转头，快速地跑开了。”老师说这句话写得很好，既有场景感，也能够用眼睛进行观察。

这个鉴定报告做了整整一年。其间，我还去了这个孩子的家进行家访。直到今天，这个孩子的模样、个性特征，我都还记得。可见这个学习方式是多么有效。就是那个时候，我确信了一个认识，“学前教育”不是一个简单的学科，光有信心和美好的愿望是不够的，还得有足够的科学理念，对儿童要有足够的理解与信任。我最初的“儿童观”就是在专业课程的学习中慢慢形成的。

校园里有一家新华书店，大家常常去那里选购图书。不知道从哪一天开始，班里的同学纷纷购买了日本作家黑柳彻子的《窗边的小豆豆》（当时译作《窗边的小姑娘》）。印象里，班上的同学几乎人手一册。

小豆豆的自由奔放、可爱，让我觉得她和童年的自己有点相似。小豆豆到了巴学园后，那些在过去被认为不切合实际的理想都变成了现实。一个孩子可以这样恣意地表达自己，一定是一件幸福的事情吧！了不起的小林校长，什么都可以为孩子们做：在车厢里办幼儿园，让孩子们在幼儿园里露营……总之，这本书带给我的冲击是非常大的。如果说这之前的学习、思考都是理性的话，这本书让我从感性的层面开始认识幼儿教育。后来，无论在哪里讲课，我都会推荐学生们读这本书。因为，这本书里的“巴学园”就是我心目中理想幼儿园的样子。

“学为人师，行为世范”是北京师范大学的校训。对我而言，大学学习带给我最大的收获是，学会了从感性中剥离出理性，再让理性天然地回归到感性中去。

大学第一年（第二排左一是我）

母校也培养了我们独立思考的能力。印象最深的是孙喜亭教授的“马列论教育”。课上，老师鼓励我们质疑，也支持我们和他展开辩论。老师说，最重要的是要有自己的观点。这门课的考试是口试，我们要面对老师完成对自己观点的思辨陈述。这个过程，不仅要阐述自己的观点，还要让观点保持完整性、周延性和逻辑性。考试中，我提出了一个和老师完全不同的观点，并大胆地展开了论述。考试结束时，孙喜亭教授笑眯眯地对我说：“你会成为一个好老师的！”这么多年过去了，这句话一直珍藏在我心底。

北京师范大学不仅有浓厚的学术氛围，也有开放的文化气息。学校每周都会安排各种各样的讲座。为学生们提供艺术类选修课程，每次讲座教七楼的大阶梯教室都被同学们挤得满满的。

感悟：

大学时代是一个人精神世界发育的重要时期。这一时期不仅决定着一个人的职业方向，也影响着一个人的精神样貌。

三十年后我们再相聚（第一排左三是我）

那是一个理想主义盛行的年代，我和同学们充满热情地生活、学习着，丰富着自己，随时准备在未来运用自己的专业知识报效祖国。

工作了

四年的大学生活很快就结束了，同学们各奔东西，有继续读书的，有去研究单位的，有选择出国的，我被分配到北京市幼儿师范学校工作。

北京市幼儿师范学校是北京市幼教师资培训的摇篮。当时，北京市几乎所有的幼教师资都来自这所学校。这是一所拥有丰富办学经验的学校，教学管理非常严谨。我被安排教授专业课。一开始上课，我就觉得自己非常适合当老师，每一次都能够清晰地表达自己的想法。渐渐地，我爱上了教学工作，觉得特别能够发挥自己的优势。

在授课的时候，第一节课我通常会问学生们一个问题：“面对不听话的孩子，你用什么方法教育他？”面对学生们五花八门的回答，我告诉他们：“工作中，你会看到一些老师用的方法非常简单，就是戳脑门、拽胳膊、发脾气。这样的方法暂时能够起到一定的作用，但如果仅学会这三种方法就能够很好地教育孩子，那我们只需要一节课或者一节课都不用就够了。正确的东西需要我们花很长的时间来学习。所以，在未来的一年里，我会和你们一起探讨正确的、科学的教育理念、教育方法。同时，也希望你们在未来的教育实践中一定要将正确的方法坚持下去。”在之后的工作中，每个学生因信念不同、素养不同会有不同的表现，但凡能够坚持使用正确教育观念的学生，通常都会走得更远一些。

在北京市幼儿师范学校工作，我们能够接触到很多有名的幼儿园。应该说，每一所幼儿园都有自己的优势，但总感觉没有一所幼儿园能让我特别满意。我看到，孩子们在幼儿园里必须要服从成人的意志，很难真实地表达自己。每个幼儿园的所谓特色，也都是站在成人的角度来描述的。为什么孩子们一到幼儿园就必须“被控制”起来？必须整齐划一？必须紧张地注意老师发出的指令？难道幼儿园不应该是孩子们的乐园吗？

在结束一学年课程学习的时候，我都要告诫学生：“要学会坚持正确的东西，才能让自己做得更好。但是，如果做不到，也请记住一个基本原则：在成人面前不敢说、不敢做的事情，在孩子面前就不要说、不要做。这是底线。”

感悟：

每个人用什么样的态度对待工作，工作也会以什么样的“面目”出现在你的眼前。

几乎每个成人身上都有控制欲，都有“自以为是”的妄想和偏执，当面对儿童这个弱小的群体的时候，这些弱点有可能会不加掩饰、不加控制地表现出来，而儿童特别敏感，成人对他们的控制、责难，往往会对他们的一生产生影响。

窗边的小豆豆

当不断地向学生传授正确的教育思想的时候，我也开始了畅想：假如有一所幼儿园，我能把它办成什么样呢？

我又想起了《窗边的小豆豆》。“这是一所特别的学校，大门是矮矮的树做成的，树上长满了绿色的叶子。学校四周种满了各种树木，用来做围墙。已经不再跑的电车是这里的教室，孩子们就像一边学习，一边旅游一样，当校园里的花草树木随风摇曳时，感觉就像电车跑了起来。”这就是小豆豆所在的“巴学园”。我确定，这就是我心目中理想幼儿园的样子。

倾听的样子

……小豆豆感到生平第一次遇到了自己真正喜欢的人！因为，从小豆豆出生后直到现在，还从来没有一个人这么长时间地听她说话呢。而且，这么长的时间里，校长先生一次也没有打哈欠，一次也没有露出不耐烦的样子。他也像小豆豆那样，向前探着身体，专注地听着。

那时小豆豆还不会看时钟，但她也感觉到过了非常长的时间。如果她会看时间的话，一定会更加吃惊，而且也会更加感激校长先生。因为，小豆豆和妈妈到学校的时候是八点钟，在校长办公室说完话，决定让小豆豆成为这个学校的学生之后，校长先生看了一下怀表说："啊，已经是午饭的时间啦。"这就是说，先生整整听小豆豆说了四个小时的话。

无论是之前，还是这以后，再也没有一个大人这么认真地听小豆豆说话了。

海的味道，山的味道

这所学校非常特别，非常有趣。没想到吃午饭的时间也可以这么愉快，这么令人兴奋。一想到从明天起，自己也可以坐到桌子前，让校长先生看"海的味道，山的味道"的盒饭，小豆豆心里充满了快乐，开心得真想叫起来。

自由选择

教室是真正的电车，让小豆豆觉得"真特别"。接下来，又一次让小豆豆觉得"真特别"的，则是教室的座位。以前的学校里，谁坐哪个位子上，旁边是谁，前面是谁，都是固定不变的。可是，在这所学校里，却可以根据当天的心情和方便，每天都自由选择自己喜欢的座位。

理解的感觉

一般来说，大人们要是看到了小豆豆在做的事，会说“在干什么蠢事呢”或者“太危险了，快停下”。或者也会有态度截然不同的大人说“我来帮你吧”。

但是，只说一句“弄完以后，要把这些全都放回去”的，除了校长先生，不会再有第二个人了。所以，当妈妈听小豆豆说了这件事，由衷地赞叹校长先生“真是一位了不起的人”。

穿最差的衣服来

校长先生总是对巴学园的学生家长们说：“请让孩子们穿上最差的衣服到学校来吧。”这是因为，校长先生认为如果孩子们担心“弄脏了衣服，妈妈要骂的”，或者“会弄破衣服的，所以不能和大家一起玩”，那对于孩子们来说，就会减少很多乐趣。所以就让他们穿上最差的衣服，这样无论弄得怎么脏，甚至弄破了都没关系。

多多读书

在大家上课的电车教室的对面，也就是礼堂两边的花坛旁，又添了一辆电车！原来这是寒假期间预备好了的做图书室用的电车，一切都已经准备停当。大家尊敬的校工阿良叔叔，一定费了好多力气才准备好的。电车里装上了好多书架，摆满了各种颜色、各种字体的书。而且，还摆上了桌子和椅子，可以直接在那里看书。

校长先生说："这是你们的图书室。这里摆着的书，谁都可以读，读哪一本都行。不要说什么'几年级的学生该读哪些'这样的话。只要喜欢，什么时间来图书室都可以。如果有想借的书，也可以带回家读，读完之后，再把书还回来。如果你家里有什么好书，希望大家都读一读的话，老师非常欢迎你拿来给同学们看。总之，请你们多多读书。"

尽情涂画

巴学园的小学生，从来不会在别人家的围墙上或者大路上乱写乱画。因为，他们在学校里，已经尽情地涂写过了。

——节选自［日］黑柳彻子《窗边的小豆豆》，

赵玉皎译，南海出版公司，2011

第七章

心中有一所『幼儿园』

我心目中的幼儿园是这样的，它应以儿童为中心，处处体现出对儿童的尊重，对儿童情感的满足，对儿童智慧的保护，对儿童创造的崇拜与敬仰。我希望这里的成人能够看见儿童、听见儿童、记录儿童、满足儿童、成就儿童。

幼儿园是这样的地方

有精神内核

从某种程度上说，幼儿园和大学对人的发展起到的作用是同等重要的，甚至要更重要一些。有人说，好的大学培养的是“国之重器”，那幼儿园的作用是什么呢？好的幼儿园教育也是要塑造人的精神与灵魂的。

在这里，我们给儿童以精神的滋养，他们可以随时回到自己的精神世界里去。

浪漫的

幼儿园教育和其他学段的教育不同，它应该具有一种浪漫的气质。幼儿园教育就如同一段美好的旅程，一段诗一般的旅程，生命的张力在这里打开，儿童以吸收性的心智获取着养分，建构着个人对世界的认识，完成一次生命的“诞生”。

在这里自在生活的孩子们

润泽的

幼儿园的每一个地方都应该是“润泽的”。润泽，表示一种湿润程度，也可以说代表了一种安心的、无拘无束的、轻柔的感觉。润泽，表示这里的每个人的呼吸和节奏都是柔和的……

在润泽的幼儿园里，每个人都是有自己名字和性格的个体。教师和儿童不受束缚地、安心地、轻松自如地构筑着一种美好的关系，大家彼此信任、相互信赖。

“理想国”

幼儿园应该是教育的“理想国”，它实现着我们对美好教育的所有期许。在所有学校教育的系统中，没有哪个学段可以让人如此着迷，保有冲动、热情与创造。

好的幼儿园不会让在这里生活的孩子感到紧张和压迫，我们不断向孩子们发出游戏和学习的邀请，却没有让他们感到丝毫的勉强。

儿童这样生活、学习

意志自由

我理想中的幼儿园，孩子一定是自由的。在拉丁文中，“儿童”一词意味着自由。自由是儿童存在的本质和天性，也是儿童创造的田野。但自由不意味着放纵，自由是指“自由的意志”。对儿童而言，“自由的意志”意味着在和另一个人相处的时候，生命的能量不被控制，不受限制。如果孩子总是服从于大人的管教，生命力会被卡住，生命的光彩将难以展现。

自由还意味着儿童能够选择用自己的方式学习和游戏。在幼儿园里，儿童学习的知识应该是他们感兴趣的、乐于学习的，而不是成人认为有价值的。游戏更是如此，他们不应该每天被教师安排做什么游戏、怎么玩，他们原本是会玩的，他们可以按照自己的意志自由地游戏。同样，在一切爱的关系里，自由也是最为重要的。在这样的幼儿园里，每天都会有大量的讨论，孩子们大胆表现自己，在讨论与对话中学会思辨、实现成长。

天性绽放的儿童

有自己的生活世界

要真正认识和发现儿童，就应该关注他们的世界。离开了儿童的生活世界，便是离开了儿童。

生活应是幼儿教育的出发点和归宿点，教育与生活之间有着内在的精神契合性，儿童的教育需要以“生活”为基点进行审视。儿童的生活世界是人类最丰富的意义世界，承载着丰富的生命意义。在幼儿园，教师和儿童之间，应该是一种“共同生活”的关系。我们像一家人一样，你可以影响我，我也可以影响你；我们一起生活，一起吃饭、一起聊天、一起游戏、一起探索……双方是平等的，是相互陪伴的，是互为师生的。

“叶子雨”

被无限尊重

我坚持认为，幼儿园应是儿童获得尊重的最佳场所。因为在专业的机构里有专业的工作人员，他们深谙儿童心理，视儿童发展为己任。尊重应该有三个层面的含义：第一，生命本身就该受到尊重，就如同我们应该尊重一只猫、一只兔子，尊重一座高山、一株青草一样。第二，孩子是我们的未来，代表着人类的希望。但儿童需要保护才能健康成长。在理想的幼儿园里，教师爱所有的孩子，这种爱超越了一般的情感，带有宗教般的虔诚与敬仰。第三，儿童原本就是充满灵性的生命，他们对生命的感受、对世界的看法都有着自己特殊的通道，对这一点我深信不疑。仅凭这一点，他们就应该获得成人最大的尊重。

所以，在这所理想的幼儿园里，孩子们应该受到无限的尊重，教师无论怎么尊重他们都不过分。比如，孩子们讲的话教师要认真倾听，还要记录下来；孩子们对事物的不同看法教师应该表示赞赏；教师要尊重孩子们对事物的独特判断，认同孩子们的感受。不要总想着去评判孩子，也不要总想着给他们一个结论。总之，孩子们成长中发生的一切都值得教师去尊重、认同、接纳，因为这一切都是为未来生活所准备的练习。教师认同孩子们当下的每一个表现，就是对孩子们成长的最大尊重。

我给孩子们带来了一条大鱼

获得爱的温暖

爱与被爱是人最基本的权利。处在成长中的儿童如果缺乏了爱，生命就如一潭死水。当下，物质丰富，很多人认为儿童获得的爱已经非常充沛了，但我不这么看。爱是一种能量，这种能量要靠自然流动才能获得。一个人对自我的认同与价值感都来自这种流动。如果孩子在幼儿园一天的自由时间非常少，他们怎么能够获得爱的能力呢?

在这所理想的幼儿园里，孩子们随时随地都能够感受到流动的爱意，这份爱意可以来自自然，也可以来自我们为他们创建的环境，来自教师的关爱。总之，每个地方与细节他们都能够感受到成人对他们的爱。他们不紧张、不怀疑、不矛盾，放松地享受着这份美好的情感，当他们获得“爱”的能力后，也开始学着去“爱别人”。应该说，儿童原本是有这种能量的，就像婴儿什么都不会说、什么都不会做，但总能博得成人的爱一样。学前教育工作者要做的，就是保留住这种生命的本性，让它变得更加丰沛、饱满。

老师与孩子的距离很近

体验到“自我实现”

一所真正意义的幼儿园，不仅要能够满足儿童各种需要，还要让儿童获得成就感与满足感。在幼儿园里，孩子们应该不断体验，获得自我实现，而成人要做的就是挖掘、成就、帮助他们实践那些美好的想法。简单地说，一所好幼儿园要让孩子梦想成真。在幼儿园的三年时光里，我们要帮助每一个孩子实现自己的梦想，让这段时光成为孩子们一生中最宝贵的精神财富。

这些设想，很多都来自我的童年经历。恰恰是因为较少的干预，小时候的我们总是能够实现与完成各种探索。我们会拿砖头垒成小炉子的样子，里面放入细细的柴火，再在炉子上煮一条特别小的鱼，之后，每个人再小心翼翼地品尝那条鱼和鱼汤。那口鱼汤的香甜到现在我都清楚地记得。

所以，我理解的儿童教育应该有这样的场景：儿童作为主动的生命体，他们在和外界环境相互作用时，会产生各种想法，于是，他们试着发起一个计划，并执行这个计划，最后让这个计划大获成功。在这个过程中，他们需要学习严谨、果敢、坚持、合作等积极品质，并将自己的智力运用到最大化。这也是人类生命中原始、本能的学习冲动，而教育应该帮助他们实现这一切。

每个孩子的梦想都不同，学会和他们沟通，倾听他们的梦想，为他们的梦想“铺路架桥”是教师的主要工作。教师工作的乐趣不应该来自控制儿童，因为那样很快会产生职业倦怠。这份工作的乐趣应该来自等待一个个美好瞬间的发生，体验到生命意义的最高级别——成就他人！

在这样的过程中，儿童会渐渐看到自己生命的力量。他们了解自己、解释自己、发现自己，站在更高的地方俯视自己、调整自己。这种能力一旦建立，他们就会成为积极的学习者、生活者，为一生的发展奠定坚实的基础。

绽放出灿烂笑容

游戏在哪里，孩子们的生活就在哪里

在幼儿园，游戏从来就不是学习的点缀，游戏就是儿童的生命状态！对他们而言，游戏是自我与外部世界、梦想与现实、有生命的与无生命的、过去与现在以及未来的各种复杂关系的桥梁。儿童在游戏中，以梦想的方式，完成着对外部世界的认识与探索，实现自我建构。

游戏在哪里存在，儿童就在哪里成长；游戏在哪里结束，儿童的发展就在哪里止步。尊重儿童的游戏方式，就是尊重儿童的生命成长方式。

很明确，我只想从儿童出发，办一所儿童真正喜欢的幼儿园。我心目中的幼儿园是以儿童为中心的，处处体现出对儿童需要的尊重，对儿童情感的满足，对儿童智慧的保护，对儿童创造的崇拜与敬仰。我希望这里所有的儿童都能够被看见、被听见、被满足、被成就。

从外部看，这所幼儿园处处体现着真善美的特质。它的环境接近真实的自然，每一处都为儿童而建。它的色调本真质朴，处处衬托着儿童的光彩。它是和谐的、温暖的、积极的，甚至是带有“收敛感”、能沉得住“气”的。这里所有的人都很真诚，无论是老师，还是家长，平等交流、真心对话、相互理解、充满善意。

真善美还应该体现在幼儿园的其他方面。环境是艺术的、雅致的；教师是温和的、有文化气质的；课程是生活化的、儿童喜爱的；生活是流动的、充满期待的。总之，在这里，所有的事物都回归到了本来的样子，儿童更像儿童，爸爸更像爸爸，妈妈更像妈妈，教师也更像教师。当然，我对自己也有要求，希望借助于这份工作，能够达到“乘物以游心”的生命境界。

我想，这些设想其实并不复杂，只是需要打破常规、回归常识。早期教育在中国从来没有像今天这样被重视过，我确信，办这样一所回归本源、回归本真的幼儿园，一定很有意义。

感悟：

一所理想幼儿园，精神内涵非常重要。而所谓“精神内涵”，就是生命的活力会活跃在幼儿园的每个地方，当置身其中时，会感到一种流动的力量不断撞击着心灵。

游戏中的孩子们

第八章

梦开始的地方

十多年过去了，当初的设想大都实现，但又有那么一些不同。梦想终究只是理想，一定程度上，那是一种没有经过实践检验的设想。而实践则是脚踏实地、顺势而为的一条漫长而艰难的探索之路。

一切都是新的开始

对真刀真枪地筹建一个新园所的难度我虽然有心理准备，但没想到过程那么艰难。第一个问题是设计和装修。虽然对幼儿园有了初步的构想，但具体实施起来并不简单。我的老师、北京师范大学教育系的张燕教授很明确地说：不要铺塑胶地，要有土地。

幼儿园的设计装修工作，从2003年的10月开始，一直到第二年的5月结束。我们找到了一家设计公司，他们给出了很多具体建议。比如，哪些地方可以体现出儿童特色，哪些地方表达对儿童的尊重与保护，哪些地方可以表现出更美的意境。他们还为幼儿园的大厅设计了一个漂亮的玻璃阳光房。之后的施工，每一个细节都需要关注到，那时候的我，每天都在工地上“溜达”，鞋面上总是沾着白灰。

但更大的挑战还在后面。幼儿园的人员要自聘，我只敢从中华女子学院的毕业生里招聘8名教师。之后，开始从社会上招聘厨师、保健医生、保育员等岗位的人员。

幼儿园最初的样子

8名教师从2004年的2月15日开始上班。那时，只有两间屋子能用，其他房屋仍在装修。我们从宜家购买了两张最便宜的桌子，开始接打电话，在周围小区做宣传。每当有家长表示要来参观的时候，我们都特别兴奋。就这样，断断续续到了4月，幼儿园招了14个孩子，准备用一层已装修完工的教室开班。

以前做教师时，我说什么别人都会很认真地听，到哪儿去也多是以专家的身份。当了幼儿园园长变身成为服务者后，家长跟我说话的态度都有了很大的不同，甚至还有人讨价还价，直接问："收费能不能便宜点儿？"

在我心中，教育是挺圣洁的事，怎么就变得跟卖菜似的？沮丧的心情可想而知，因为这些事情是没有预料到的。

那时候的我每天筋疲力尽，生怕这 14 个好不容易才招来的孩子会离开，全园的人都宝贝似地护着，家长提什么要求，也都尽可能地答应下来。这种没有原则的"服务"除了累人，也没有带来更好的成效。

遇到难沟通的家长

有一个家长，每天都会提各种各样的要求。比如，"你们能给孩子洗衣服吗？我可以付你们钱啊……"晚上离园的时间到了，她对门卫说："为什么我们不能多玩一会儿？我们不走！"每一件事情，她都按照自己的意愿办。有时候，我正在办公室里办公，她也不请自来，坐下就不走了。如果不能满足她的要求，她就会吵吵嚷嚷。从小在高自尊环境中长大的我，对周围的人、事、物的边界都是相对清晰的。有一天，再次面对这位家长的无理取闹时，我说："如果您对我们不满意，可以选择其他园所。"这位家长当时就恼了，一边走一边摔摔打打，把楼道灯都打开，还恨恨地甩下一句话："哼，你不让我好过，我一定不会让你好过的！"

那天晚上，我一夜未眠，感觉很挫败。创业，当初只设想了它美好的一面，而它艰难的一面，完全没有预料到。

上了一个月的幼儿园，该收费了，但有的家长就是不想交费。我让老师们把不按时交费孩子的名字写在了班级门口的黑板上。有一个老师为此找到我，说这么做是不对的，上专业课的时候老师讲了，要对家长给予充分的尊重。我说："老师讲得没错，但是我们幼儿园做得也没错，我们对家长充分尊重的前提是，他们也足够尊重我们。"

也许，就是从这一刻开始，我意识到了，自己的书生气与性格的局限性是做好这项工作的瓶颈。因为，我面临的不是那些美好的假设，而是一个复杂的“江湖”。

不愿服从安排的教师

从中华女子学院毕业生中选聘的8名教师都是经过精心挑选的。教师的培训，一开始要从保育做起，然后再走上教师岗位。很快，一名教师找到了我，说她想放弃。问她原因，她说“自我效能感”太差了，她到幼儿园来，是想教孩子们学钢琴的，可她现在每天都在做保育员的工作，对她的手是一种摧残。无论怎样劝说，她都执意离去。说实话，当时我的“自我效能感”也差到了极点。

那时候还发生了一件事情。年轻教师们嫌工资收入太低，集体来找我谈判，表达了她们的不满，并表示如果不提高工资待遇，她们将集体辞职。当时幼儿园能给得起的薪水确实不高，我承诺：一定要把这个幼儿园办成最好的幼儿园，将来你们一定会获得更高的收入，你们也一定会赢得家长的尊重，请你们相信我！

面对威胁

幼儿园从社会上招聘了一名厨师，但没想到这名厨师喜欢夹带东西，占公家便宜。虽然当时并没有备用的厨师，但从大局着想，我决意解聘他。这名厨师很不情愿，一直在幼儿园门口等着我，我下班后，他截住了我：“大家都在外边混着，都挺不容易，您何苦呢？”我说：“是啊，大家都在外边‘混’的，所以才要好好努力工作啊！”他威胁我说：“行，你以后走路看着点儿道！”我回了他一句：“没那金刚钻，不揽那瓷器活儿！”说完之后，我的心怦怦直跳，毕竟从小到大，这样的事情还是第一次遇到，我不知道自己是否真的能够应对这样的威胁。但不管怎样，说完这句话后，心里反而生出了一种坚定的力量。

在教育教学上，到底应该采用什么模式？建园伊始，只有初步的构想，毕竟，在这些教师中，只有两个人真正当过教师，其他人没有任何工作经验，这样的条件下，何谈模式？我只能先放低标准，对教师们强调了三点：第一，无论如何，不许对孩子发脾气，要尊重他们、爱护他们、接纳他们；第二，和家长沟通时，要表现出耐心与善意，不要争吵；第三，尽你们最大的努力工作，做到自己的最好就行。

这三条原则，今天仍是我们对待孩子、对待家长、对待自己的基本原则。那时的全园会，我总要讲这样一句话，做一所高标准的幼儿园，要记住：家长看到的我们要做好；家长看不到的，我们要做得更好！因为这份工作里面有责任，有良心，还有使命。

工作千头万绪

建一所幼儿园，除了内部的管理，外部的事务也很繁杂，办学许可证、法人证书、卫生许可证、收费许可证等，都需要在短期内办理完成。这些庞杂的工作需要准备大量的文字，还得有专人去跑。虽然当时幼儿园人手很少，但是留下来的人，都拧成了一股绳认真地做事情。回想起建园时的点点滴滴，心里充满温暖与感动，对他们在看不到未来的情况下仍对我充满信任而无比感恩。这份信任，随着时间的推移，越来越深厚、默契。十多年过去了，8 名老师中，至今仍有 3 人留在幼儿园工作。

那时候，我女儿刚刚进入中学，她上的是寄宿学校，很不习惯，回到家里总是哭。但我只能要求她咬牙坚持，因为我实在太忙了，根本没有时间陪她。后来她逐渐适应了，但每个周末接送她的任务只能由我的父亲完成。

我家离幼儿园很远，交通也不方便。我经常是坐地铁到望京站，然后再走很远的路到幼儿园。对于一个年近 40 岁的女人而言，一切都要重新开始，颇具挑战，但内心深处一直有一个声音在说：“不要放弃！走下去！”

“这是一个最坏的时代，也是一个最好的时代。”最坏之中，往往孕育着最好的种子。最后的美好，也许就是在那一刻孕育而成的。

支持的力量

很多人也在用他们的方式支持我、鼓励我。最困难的时候，我曾给当时担任中华女子学院院长的张李玺教授写过一封信，诉说了工作上的困境与内心的压力。张院长给了我很多鼓励，还安排相关部门优化工作程序，提高工作效率。在以后的幼儿园发展中，张院长及多位主管院长都给予了幼儿园充分的支持。

我在北京市幼儿师范学校教过的一名学生，在园长培训班上被我的“坐而论道”打动，成为我的“粉丝”。虽然早年她投身广告业已经收获相当丰厚的财富，但一直放不下自己最初的理想，开办了两所幼儿园。有一次，她来到了我们这所刚开办不久的幼儿园，仔细参观过后，她问我：“为什么我觉得您这里的老师都更专注、敬业，甚至容貌也更好看呢？”我为这个评价感动了很久。

虽然有老师离开了，但也有老师进来了。赵莉莉的同学郭鸿玉、田巍都从别的幼儿园辗转到了这里，周冉的同学张焱也来了，后来，她们都成为幼儿园发展过程中的中坚力量。

最大的信心和力量还是来自孩子们。有一个小女孩，来园后怎么都不能适应幼儿园的生活。我跟她妈妈谈了几次话，才了解到小女孩有过痛苦的早期分离经历。因为妈妈要读研究生，没法带她，就将她送回了农村姥姥家，孩子哭得死去活来，几个月后才适应。后来被妈妈接回到北京和妈妈生活，却很难适应，每天都要攥着原本红色的、现已经洗得掉颜色的小被子。来了幼儿园，她不吃不睡地哭泣，两个月过去了，仍然没有适应，她妈妈决定放弃了。但我劝说她妈妈，再坚持一下。我每天都会去安慰她。后来，小姑娘每天到幼儿园，都要先找到我，跟我玩一会儿才去做其他事情。三个月之后，这个小女孩终于适应了幼儿园的生活，渐渐变成了一个爱思考、有主见的小姑娘。

我开心极了，凭借着耐心与专业判断就能够让一个孩子发生改变，这是一件多么美妙的事情啊！

一步一个脚印

在开园当年的九月开学季，幼儿园成功地招收到了一百多个孩子，完全超出了预期。这些孩子大都靠口口相传的口碑选择了这里。但我仍深感压力，我清楚地知道，办学特色、教师优势都不甚明显，我们是靠服务才勉强地站稳了脚跟。但也正是这份审慎与小心，才成就了日后的花草园。没有预测，没有幻想，就这样一步一个脚印，踏踏实实地向前走。

感悟：

成就一番事业需要超常的努力与承受能力。困难虽是一种现实存在，但积极的心态能够超越困难，坚定的信念也能让困难成为前进的动力。

十几年走过，回归本源，我渐渐意识到：事业心并不是虚妄心，它不是一开始就有的，而是在行动的路上，听从内心的指引与召唤，一步步坚定地走下去建立起来的一种职业信念！

十几年中，我有一个目标非常清晰，要办一所最好的幼儿园。这个“最好”不是别人眼中的最好，而是我心目中的最好。这个，应该更难一些吧。

在这里工作了 15 年以上的老师

坚守

赵莉莉（副园长）

2004年2月15日，我和同学来到幼儿园工作，看到的是还在施工的幼儿园主楼，操场上成堆的沙土，还有施工工人来回穿梭，心里有好多疑问：园长面试时说马上就开园了，能否完工呢？幼儿园老师要怎么做？未来我将要面对的是什么？……

对于刚刚开始工作的我来说，一切都是那么模糊和未知。之后的入职培训是在胡老师和学前教育管理系的各位老师带领下完成的。上午培训，下午布置教室环境。由于幼儿园处于筹备期，我们几个实习生还需要去周围小区发招生广告、在物业办公室进行招生咨询、在办公室接听招生咨询电话。排好值班表，在只有两张白桌子和两条电话线的办公室里，我们每天晚上接听家长关于招生的咨询电话。虽然大部分是“你们能按时开园吗？”“你们的老师都是哪儿的？”“你们的收费怎么样啊？”“能不能全托啊？”等类似的问题，我们也乐此不疲。晚上走在回宿舍的路上，虽然有些疲惫，但心里是满满的憧憬。我们在做一件从无到有的事情，我们要和幼儿园一起成长，这种幸福感是其他同学完全感受不到的。

由于比较熟悉办公自动化软件，我被园长安排协助完成报告，与学院协调，办理开园初期的各种证件以及做一些文字处理的工作。（后来胡老师对我说，她觉得我不太适合做幼儿园教师，但是做一些事务性的工作应该是可以的。）

那个时候，幼儿园购买物资需要向学院提交申请报告，经学院院长办公会批复后方可购买。就这样，我坐在胡老师身边，协助她完成开园初期的一份份购置申请，填好一张张表格。有的时候，胡老师会问我一些家庭情况，家里有什么人，父母做什么工作。我一直都觉得自己是一个比较内向的人，不善于沟通，但不知道为什么，胡老师有种魔力，让人愿意跟她亲近。

刚刚迈出校门的我，没有任何“政治”素养可言。作为协助胡老师完成文字工作的我，私下里会和一起来的同学说起我所知道的一些事情。实习几个月，同学之间也会交流各个幼儿园的工资待遇，我们一个月 800 元的工资与在私立幼儿园工作的同学的工资比起来确实不多。协助胡老师完成 6 月的工资核算后，我跟一起来的同学提起我们这个月的工资还是 800 元，我们决定集体去找胡老师要求涨工资。就这样，她们 7 个（我当时在园长室协助胡老师完成文字工作）走进了园长办公室。我很紧张，胡老师询问了缘由后，对我们说：“你们觉得幼儿园会一直给你们每月 800 元吗？你们相信我们幼儿园一直只有十几个孩子吗？你们是我一个个面试来的，我相信你们的能力，同样，你们也应该相信我，只有大家一起努力，这个幼儿园才会好，你们的待遇才会越来越高。你们的实习期马上就要结束了，正式聘任后待遇肯定会有所不同。”

就这样，一场“要工资”的风波结束了。多年后，胡老师回忆说：“我知道是你告诉她们的，可我不想批评你。因为我知道，你们刚毕业，对很多事情都不确定，我所能做的是让你们消除顾虑。只有老师好，我们的幼儿园才有竞争力，我们才会有发展。”

现在回想起这件事，我仍感到深深的愧疚。这也是让我快速成长的一个关键事件。作为领导的助手，一言一行都影响着团队的凝聚力，我应做好自己，成为大家的榜样。

这件事情让我对胡老师心生敬佩，暗下决心，要做她那样的人。就这样，一坚守就是 18 年。

这里，我们的心聚在了一起

周冉（副园长）

2004年2月15日，是我来幼儿园报到的第一天，幼儿园可以用“空荡荡”来形容，但就是这个地方，让至今已有十余年园龄的我们找到了心的归属。

时至今日，小伙伴们的“必聊”话题还都是当年的“两张大白桌子”“304寝室”“光秃秃的操场和树干”……这些地方、物品就像是符号，已经刻在我们记忆深处，每次说起都感到幸福，那是我们一起走过的、经历的、难以忘记的……

我记得当时刚刚来的时候幼儿园什么也没有，教室都是空的，只有园长室里的两张白桌子。后来我们分成两人一组值班，接听电话，做一些记录，当时很兴奋，莫名地兴奋。不知道为什么，觉得挺有意思的。再后来，我们开始接受培训、布置教室。

分班时，我和郭佳分到了一个班，担任她的配班老师。有一天，胡园长突然在班级的外面叫我说：“周冉，你手快，给这个门（锅炉房的外门）做个装饰吧！光秃秃的不好看。”领导突然提出做环境装饰，我的心里真是一紧，但没来得及多想，也来不及“放小样”，我只是一门心思加紧完成了领导布置的任务。没想到装饰完成后，居然得到了胡园长的表扬，这让我心底的那些犹疑和否定慢慢消散，我知道，即使不“放小样”，布置环境也不再是难题。

在第一年里，从一开始的空荡荡，到后来幼儿园的环境越来越完善，入园的孩子越来越多。可能每个人的感受不同，但大家心聚在一块的那个感觉，现在都忘不了。

从小时工到固定工，心踏实了

贾凤仙（保洁员）

2004 年以前，我干过很多工作。从四川老家出来跟着爱人来到了北京这个大城市，一切都是零。我们在这里没有亲戚朋友，一切都是从头开始。万事开头难，在开始的一段时间里，我发现，我没上过学，认识的字也不多，而且到我这个年龄，感觉在北京这样的大城市里自己什么都不是。

之后，我有了在北京的第一份工作，清洁杂工。每天到处去给别人干活。很累很累的时候，我告诉自己，只要有一双手，就没有干不了的事。我没时间看别人如何如何，我只有更努力地干活，比别人更努力干得更好，才能行。后来，家政公司的人就总介绍我到处去干活，就在这样的情况下，我来到了咱们幼儿园。

第一次来幼儿园干活，家政公司的人都说：这里是学校，钱好赚。但我想的是不管钱好赚不好赚，我都要好好干，因为这是我的“活儿”。中午大家都去吃饭了，我又回来继续干活，这时有人过来问：“我们想要个保洁员，你愿意来吗？”我有点不敢相信有这好事，还在想，会不会被骗了？后来，我真的来幼儿园工作了，而且成为一个正式工，负责打扫幼儿园的卫生。从此以后，我算是有个固定的工作了，有了自己的单位。我以后可以在女儿的家长的工作单位那一栏写上自己的单位了，我感觉非常骄傲。第一次有了单位，感觉很好。我心里暗暗地对自己说：要好好干活，无论如何要保住这个饭碗。

这是我喜欢的工作环境

梁小健（厨师）

在来幼儿园之前，我一直从事厨师的工作。因为喜欢做饭，尤其是喜欢给自己家里人做自己认为好吃的饭，我选择了这个职业。十几年在饭店工作的经历，让我已经习惯了给客人做地方特色菜，比如北京特色菜，还有鲁菜，都是我比较喜欢做的。2005 年，我经人介绍，知道了咱们幼儿园招聘厨师。因为它离我家还算比较近，思量了一段时间后，我到幼儿园应聘了。

记得应聘那天，是我第一次走进幼儿园。那时候幼儿园还不是现在这个样子，一进大厅，看见孩子们的笑脸照片挂在正对面的墙上。再往里面走，就能听到孩子们说话的声音了。听到孩子们的声音，我才真正地意识到，我走进了幼儿园。

记得刚入职不久，我就参加了胡老师组织的全园大会。一说开会，大家想象中都会觉得挺枯燥的，说的都是一些通知啊、任务啊，但是胡老师开的会不一样。会上，虽然我没有发言，只是听着，但是整个思想就好像被带动了一样，头脑也停不下来，要紧跟着胡老师的思路，也会跟着想想道理啊、意义啊什么的。所以，每一次参加胡老师召开的会议，我的心里好像都是满满的，就是觉得整个人都是向上的，甚至有些时候觉得自己很新潮。

感悟：

真实世界的动人之处在于，除了那些具体的表达，还应有以情感为基础的精神信念世界的描述。这种人与人之间精神世界的联结，才是一个教育机构最宝贵的东西。

第三部分
幼儿园发展的四个阶段

第九章

制度管理阶段（2004—2007年）

对于管理者的我来说，管理不仅是一门学科（discipline），更是一种实践（practice）。

“幼儿园发展的18年，是不断变化与调整的18年，也是不断探索、回归本源的18年。”

对于作为管理者的我来说，这18年，也是不断学习与探索的18年。管理不仅是一门学科（discipline），更是一种实践（practice）。

幼儿园开办初期，我抓了两条基本线索：人的管理和事的管理。两条线索，同时并进。对于一个新建园所来说，需要建立许多规章制度。所有物品都要有相应的管理登记制度，所有的工作也需要建立起符合园所特点的规章制度。

现在，幼儿园已经形成了涵盖多个方面的管理制度。随着办园时间越来越长，对人管理的不断深入，人员逐渐稳定，文化渐渐形成。

每个学期末，幼儿园管理层都会细细梳理流程。分人、分事，按时间、按职责，每个岗位、每件事情、每个环节，都有详细的流程。幼儿园的制度也一直处在开放的状态，每发现一个问题就总结一个问题，不断地将标准细化、人性化。

和老师们一起讨论

新教师上岗前的培训，是帮助他们认识园所文化、了解工作流程的过程。制度与流程是园所文化的另一个核心，幼儿园对儿童的态度、对工作的认识都体现在工作的程序中。在幼儿园的每个办公室、每个班级里，都张贴着各个岗位的工作流程。

这些流程保证了幼儿园的各项工作不仅有据可依，还达到了一个标准化的水平。幼儿园的活动丰富，但无论是出游，还是新年活动或毕业典礼，因为活动流程明晰，每一位教师都能准确高效地完成。家长们时常赞叹，幼儿园有一支责任心强、分工明确、合作高效的教师团队。

一次成功的春游是怎样打造的

为孩子们组织大规模的活动，既要考虑安全，也要考虑活动意义，这真不是一件容易的事情。为了选择一个能够满足我们活动要求的地方，我们通常要在若干个地方中做出选择。最后我们选择的地方一定是孩子们的兴趣所在以及能够满足儿童学习发展需要的地方。

一旦确定下来，联系车辆，考察车辆状况，确定活动内容，考察活动地点，设计活动流程，预订午餐，都是我们先期要做的工作。之后，我们会召开班组长会议，商定具体要求，确定各班的行动方案。各班要根据本班情况，召开班务会，考虑外出时的一些细节（如小年龄班须携带外出的临时便盆），讨论可能出现的意外，以及对个别儿童（如晕车儿童、秩序感稍差的儿童）的照料。春游前，有两件事情我们得花很长时间讨论。

一、去哪儿玩

坐落在京西香山脚下有两座植物园。一个是供游人赏花的北京植物园，另一个则是中国科学院植物研究所于1955年为科学研究兴建的植物园。后者是专为科研修建，每一处都是树木本来的样子，且游人不多，所以始终充满着自然的味道，树木茂盛、福泽深厚，适合孩子们采撷天地之气。

二、怎么玩

如果春游仅仅是赏花、吃饭、走路，我们实在不必去这么远的地方。但真实的大自然不仅可以提供丰富的生活内容，它也是个最有包容力的地方。春游前，我们开会为孩子们设计了几个重要活动。

在自然中撒欢儿。在那里，孩子们不仅可以大喊、打滚儿、捉迷藏，也可以说平时不能说、不想说、不愿说的话和做平时不能做的事情。我们想为孩子们建立起一个和自然联结的本能通道，为他们未来的健康成长寻找到一分力量和一种方式。

在自然中野餐。野餐是所有人在大自然里最喜欢做的事情。我们除了安排食堂为孩子们准备了野餐食物，也动员父母制作一些食物。当孩子们吃着家人为他们精心准备的食物时，那份归属感、幸福感会油然而生。

在自然中诉说自己的秘密。对于孩子来说，拥有秘密意味着人格独立。当他们意识到在自己的精神世界里可以拥有一定的空间，可以不被大人占领和侵犯时，他们才能意识到真我的存在感。现实生活中，很多家庭要么不接纳孩子

欢快地奔跑

一起游戏

拥有秘密，要么没有时间倾听孩子的秘密。而这次春游，我们想给他们一个拥有秘密、享受秘密、释放压力的机会。

春游中，我们看到孩子们的恣意与畅快

在草地上打滚儿，寻找喜欢的“宝藏”，冥想，大声喊叫。他们生命深处感受与经历着惊喜、期待、紧张、放松、满足、释然……

终于可以在大自然里说着一些平时不能说的“臭话”了。他们释放自己，满心欢喜、酣畅淋漓！

回来的路上，孩子们说：“我高兴得心都要爆炸了！”“我还想再抱抱那棵大雪松！”“我把秘密收在我的秘密袋里了！”……孩子们在自然的映衬下散发着动人的光芒。

春游后，我们一起分享着孩子们的“故事”

孩子们的一些秘密是不能告诉爸爸妈妈、老师和小朋友的，那么就在大自然中对着大树、对着地上的小洞、对着花、对着空气、对着远方、对着流水悄悄地说出自己的秘密吧！让大自然包容、接纳孩子们的一切。

在大自然中，孩子们最爱做的事情排行榜：爬树、在草地上打滚儿、找宝藏、在大自然中大喊大叫……

孩子们终于知道，当“不开心”“难过”“伤心”“没意思”“郁闷”“无聊”“悲伤”“生气”等感受来临时，他们可以走入大自然消解自己的负面情绪。

每次外出，我的心都是悬着的。但唯有这次，我的心落了地，在大自然芳香气氛的氤氲中，我看到了一个个内心生出力量想去主宰自己的小精灵的成长与欢笑！

写于 2007 年 4 月 18 日

第十章

文化管理阶段

（2008—2011年）

一所幼儿园的好坏、办园水平的高低，表面上看是由环境等要素组成的，但实际上，背后的文化起了很大的作用。

在幼儿园管理中，最重要的是人的管理。教师出身的我，能够看到一个人对另一个人的重要影响。当老师的时候，我就发现，自己有时不经意的一句话或者做的一件事情，都有可能让一个学生发生改变。在北京市幼儿师范学校当班主任的时候，我会花时间和每个学生谈心。班干部也不是靠选举或教师指定，而是实行轮流制，每个人都能当一次班干部。很多学生就是在做班干部期间发现了自己的优势，在日后的工作中很快上手，继而成为管理者或优秀教师。那时候，我就在想，人的潜能真是巨大，大到可能连自己都无从了解。因此，我认为，关注人的管理是我能够倚靠的优势。

教师的稳定是保证管理质量的关键，让教师稳定下来，幼儿园才能够不断地向前走。对于教师而言，内心的稳定感不能仅仅依赖物质待遇，只有在物质层面、精神层面都得到满足，才能进入自我实现的层面，进入人生更高的境界。

十年前的年轻教师们

在最初选拔教师的时候，我选择的都是比较优秀的学生。但很快发现，优秀学生有时容易自视过高，而学习与工作是两个不同的系统，学习好不代表工作能力强。后来，我开始选择心性稳重的学生来园里工作。在他们开始工作的时候，“激励”是我最常用的方法。激励不单指表扬，还包含挖掘力量。很多时候，一个人的力量就是通过激励被挖掘出来的。对于刚刚工作的年轻教师，这是一个特别有效的方法，他们一旦意识到自己的优势所在，便自觉开始寻找自我成长的力量。

我希望幼儿园里的每一位教职员工变成有价值的、独特的、不可替代的人，我有意识地观察员工们的日常言行，只要是积极的行为，都会赞许。那时候，每个月的全园大会都是从表扬与鼓励开始的。有一个学期，员工们都在讨论，自己能为幼儿园做些什么？很快，幼儿园文化雏形形成。积极的、善意的、真诚的、内省的、创造的，都成了幼儿园文化的重要标志。

同其他事物一样，一所幼儿园的好坏、办园水平的高低，表面上看是由环境等要素组成的，但实际上，背后的文化起了很大的作用。在幼儿园的文化构成中，教师是主要的文化载体与存在，他们承载着教育使命，影响着儿童发展。在影响儿童发展的过程中，他们也在不知不觉中成长着，变得越来越有文化质感。那几年，幼儿园努力在教师的文化成长上下功夫，因为，制度与规范更多的是通过外力约束一个人，而文化才能够让人主动去寻求更大的进步与发展。

如何使教师保持文化的鲜活性，是我经常考虑的问题。具有一定生活经验但文化基础各不相同的个体，怎样才能使他们主动汲取文化的养分，从而成为众所期待的教师呢？

找到自我发展的动力才是核心，这是个体终身学习与提高的永久动力。这个时期，幼儿园渐渐完成了人员调整，有人选择离开，跟幼儿园文化契合的人则留下来了，他们愿意在这所幼儿园里自我成长，自我调整，不断学习，不断提高，让自己成为更好的人。在这个阶段，我依然能感觉到，仅靠文化管理还是不够的，还需要一些更有力量的东西。

教师的学历是一个方面，善意与情怀更为重要。我们从事幼儿教师这个职业，如果内心没有新的力量注入，的确容易倦怠。在分科教学中，教师们的优劣很容易看出来。但这是不是意味着那些能够驾驭教学的教师更容易找到自我成长的动力？现实并非如此。

教师的自我成长也是需要一个依托的。经过几年的探索，幼儿园的办学方向越来越清晰，我们依托“回归与还原儿童本真生活”的课程，帮助教师走上全新的自我成长之路，这并不是一件容易的事情，这是一个要求教师人格完全打开的过程，只有如此，教师才能和孩子们共同成长。课程实施过程，也是教师不断自我追寻的过程。

我们花了大约两年时间给教师做心理辅导。这个决策跟我个人的经历有关。这些年我一直在自我追寻的路上不断寻找，完成心理咨询给了我很大的冲击，使我感觉到了自己的阻滞与局限性。每次和咨询师沟通后，都能够感觉自己增加了很多信心与能量。我想，如果一个人不能流露与表现出自己的真实感受，成为一名优秀的幼儿教师是有很大困难的。于是，我们在教师的学习中也增加了心理辅导的环节，以便去除内心深处的紧张、焦虑与愤怒等负能量，渐渐看到自己内心的冰山以及深埋在冰山底下的东西，然后，把这些东西变成个人财富与工作财富。

教师们在心理辅导中的“团体箱庭”

对任何人而言，自我解剖都不是一件轻松的事情，但几次集体辅导，每一次都有人落泪。在这个过程中，教师体验到了另外一种从未有过的美好，感受到了生命深处的力量。一年后，大部分老师都主动要求完成个体咨询。幼儿园请了专门的咨询师来园里。在这之后，几乎所有人都有了变化，每个人都好像拥有了一双隐形的翅膀。以前的专题讨论，大部分时候都是我在说，他们在听；到后来，每当我提出一个想法，几乎所有人都能呼应。我清晰地感受到，这个团队里每一个人似乎都是带着翅膀来工作的，只要有需要，马上就能飞翔。

这也让我想起了一句话：只有通过绝望、通过苦难和无尽的磨炼，才能达至信仰。每个人都可能获得信仰，因为每个人都体会过绝望。

这十多年，只要在园里，每周一次的教研会都由我主持召开。教研会有一套自己的流程，每个人先谈感受，之后进入专业思考与讨论。每一次教研会，都是个人专业能力和人格双修提升的过程。

我一直秉持这样的观点：幼儿园是一个特殊的地方，它面对的是心灵特别开放的儿童，如果教师心灵不开放，就永远无法真正接纳儿童，也无法和儿童在一个频道上对话。只有听到儿童，才能看见儿童，成为一名真正的教师。所有这一切，没有心灵的开放，都将是空中楼阁。

第三种态度

期末将至，和老师们一起交流工作感受。这几年，一直有这样一种感觉，工作其实是个人人格的另一种外化表现方式。这个学期，我们聘请了一家专业机构对教师进行心理培训，希望教师们能够逐渐地了解自己，接纳自己，并尝试超越自己，完成人格成长。明天是培训的最后一课。

对于年轻教师而言，人格成长中阻滞的一部分是通过工作反映出来的。工作中那些由他人带给自己的苦恼与烦闷，其实大部分是因为自己的问题所致。人总是容易受制于自己。作为教师，能够了解自己，同时对自己和他人关系中的问题能够面对与处理，才是重要的本领之一。

这种本领对工作的影响是极大的。一个始终能够和自己和平相处，没有过多焦灼与愤怒，也没有过多担忧与挣扎，心态平和，试着观察事物本质的人，才能在对待挫折与困难时，做到安然处之，不急着分析事情带给自己的影响，只是做好自己该做的事情，不对抗也不躲闪。

生活中，每个人遇到挫折和困难这堵墙时，反应都不尽相同。有人喜欢直面，如同“真的勇士”；有人喜欢回避，绕开行走；除此之外的第三种态度应该是，做好本分，积攒内心力量。犹如武林高手拥有一身轻功，轻松翻墙而过，超越自己和事情本身！

写于 2011 年 1 月 5 日

不一样的追求，不一样的人生

今天中午组织老师们进行学习，一起探讨了一个问题：你是一个拥有生活目标还是人生目标的人？有生活目标的人热爱生活本身，喜欢享受，他们努力为自己设定一个又一个的目标并竭力去实现它。这些目标通常指向物质，特别是当拥有了一些常人没有的东西时，会产生莫大的满足感。但令人遗憾的是，这种满足通常不会太长久。更糟糕的是，当所有的生活目标都实现的时候，很多人会陷入巨大的空虚与无聊之中……

人生目标则不同，它通常是指我们超越了物质之外的那些追求。每个人能力有限，不见得人人都能改变世界，但活着就是“让世界变得更美好”，这其实是每个人都能做到的。

拥有不同追求的教师在教育行为上也会有很大的差别。有些人工作只是为了谋生，而对于那些拥有人生目标的教师而言，工作不仅仅能够帮助个人成长，也能够使其尝试着用自己的行为积极影响他人。不同的追求，不同的工作状态，也就有了不同的人生轨迹……

写于 2011 年 11 月 17 日

第十一章

信仰管理阶段

（2012—2016年）

今天，幼儿园的管理已经实现了一个目标，人人都能够进行『自我管理』，这对管理者与被管理者而言，都是一个很美妙的境界。

我们始终坚信，幼儿园里的“人”才是教育中最宝贵的财富。我们选择了对教师持续性的信任，相信“相信的力量”。在这个过程中，教师们对教育的思考与实践，也使他们的专业生活逐步走向了一种较为理想的状态。我们也渐渐认识到，幼儿教师的专业生活，本质上是个体自我完善、自我生成、自我发展的一种生命活动。

2012年起，幼儿园开始在课程探寻中帮助教师寻找自我成长的方向，我希望每一个人都能借助于课程、借助于学习，成为一个个完善的自我。我又一次惊喜地看到了教师们的蜕变。如果说心理辅导只给一部分人带来了改变，而课程则要求每个教师都要改变。

在这个过程中，我们发现，儿童是最好的老师。当教师内在的能量系统被激发出来的时候，每一个人都在寻求未知的、最好的自己。当每一个人自身的力量变得越来越强大的时候，就会形成一个小宇宙，改变自己，照亮他人。每个人都开始借助工作对人生、对生活有了更完整的思考。

今天的幼儿园管理，在操作层面上形成了一套科学而较为完善的系统。作为园长的我，负责幼儿园发展的战略思考，对管理目标、教师成长、儿童发展、家园合作的方向进行思考，定期撰写文章表达对这些问题的深度认识。之后，和员工交流，了解执行情况。中层管理者负责将思想转化成行动方案，并落实到具体工作中，观察、思考，及时发现问题、解决问题。每个人的问题与困惑将会在每周的教研会表达出来，大家一起分析讨论，寻找更好的解决方案。具体到每个岗位，每个人都知道自己应该做什么，怎样做才是最好的。这样，每个工作层面的人都知晓自己工作的核心内容，每个岗位都有人负责管理，每个岗位都有自己的权限，每个岗位的工作者都能够体验到自我实现。对我而言，园长的工作目标是让这里的每个人都能幸福工作、找到自己的价值。

对这些教师，我有很大的尊敬心，因为她们设计的很多课程，完全超出了我的预期和想象。我和她们的关系也经历了这样几个阶段。

她们是对自己有要求的青年教师

开始，我很像是她们的老师；之后，我很像是她们的导师；再之后，我们是并肩作战的战友；而现在，我们则是相互尊敬、相互引领的工作伙伴。

我希望教师不仅是文化人，还能够成为人格“完整”的人。幼儿教师不是一个靠技能工作的职业。十多年过去了，我们的教师在职业信念以及精神层面的追求上明显高于其他教育机构从业者，我认为，自己最初的认识是正确的。

十多年来，幼儿园的职工队伍也相当稳定，有64.4%的职工在幼儿园工作了5年以上，工作10年以上的也占到了31.1%。稳定的教职员工队伍对于教育机构是非常重要的。这里的每个人对自我、对工作都有很高的要求，他们深谙工作流程和规律，又能够运用自身的能量完成工作。这样的工作会显现出非凡的效果，超越工作本身的存在。

幼儿园的管理思想的形成也经历了三个阶段。起初很模糊，只能摸着石头过河，摸那些看得见的石头；之后，制定管理制度使工作流程化；稳定之后，又开始帮助教师寻求自身内在更大的力量。

“一切都是最好的安排。”在探索过程中，幼儿园的发展并不像今天描述的那样清晰，似乎有一个长远的规划，在当时，只是遵循专业的思考与引领，一步一步地走。回头望去，每一步都走得那么踏实。

我的管理思想也经历了一个由“可见”到“不可见”的过程。最开始，什么管理都是可见的、显性的。到了第二阶段，管理已变成了承载个人特质的、介于“可见”与“不可见”之间的东西。因为流程是可见的，但执行流程的个体都是鲜活的，能动的。第三阶段，每个人对自己有信心、有要求，所有的管理已经内化，成了一个看不见的存在。

我相信，任何事物都有自身发展的规律，只要脚踏实地走下去，每一步都有自己独特的价值。今天，幼儿园的管理已经实现了一个目标，人人都能够进行“自我管理”，这对管理者与被管理者而言，都是一个很美妙的境界。

我们登上长城了

一起成为内心“自由”的人

古希腊哲学家赫拉克利特曾说过：“人不能两次踏入同一条河流。”同样的事情在我们生命的长河里，每一瞬间的感受都不尽相同。对我而言，随时倾听内心的声音，把握周围世界的变化，做出必要的判断是一件很重要的事情。

新学期，幼儿园会发生很多变化。在今天，这些变化除了大自然能够带给我们之外，大部分要靠人来完成和实现。但这些变化在实施过程中会通过什么方式、朝着什么目标、花费多少时间来实现，都是管理者要经常思考的问题。

作为管理者，我更关注员工的思想而非行为。因为只有思想清澈才能使自身产生成长的动力，在工作中努力与自律。但思想的管理是非常困难的，因为，思想常常是我们内心的真实写照。大多数人并不真正了解自己的内心，行为通常被意识所左右。古人推崇的“明心见性”，实在是一件需要花费很多努力才能实现的事情。

思想源自内心。你的内心是怎样的？有一个比较简单的判断方式：当你与外在的人或事物互动时，产生了负面的感受与情绪，你认为，一定是那个人、那件事引发了你的愤怒与不安，还是生活中这些负面情绪的产生是一个可以帮助你挖掘内心、关照自己、改正问题的机会？我们注意到：一个思想积极与内心通透的人，身上总是散发着正能量。而那些总是将问题归因于他人的人，则持续散发着负能量。能量场的差异往往导致了不同的工作方向与水平。负能量强的人不仅自己经常做那些无谓的消耗，还会将负能量投射给他人。

作为幼儿教师，内心越澄澈、清朗，就越能倾听儿童的想法，与儿童的精神世界完成高度的契合，同时将自己的正能量传递给孩子。内心缠绕、纠结，总是升起自己的声音的教师，则无法给予儿童真正的爱与关怀。

是什么阻碍我们成为内心自由的人？一定是我们无法摆脱的内心缠

绕。要免除附着在自己身上的期待、坚持、挣扎与恐惧，需要拥有“正见”。

让我们一起成为内心“自由”的人！

写于2013年2月26日

有“追求”的教师才能成为课程的真正实施者

我和教师们开会，讨论课程中对工具价值与终极价值的理解及运用。讨论是从罗克奇的价值观量表开始的。我让教师们从价值观量表中选择出自己认为最重要的终极价值。这时教师们的差异就显现出来了。有的教师很坚定地选择自己想要的东西，有的教师则发现这个问题自己从来没有思考过，也有的教师在回答时语塞了，因为此时才发现自己想全部拥有。当然，这个选择过程带给了每个人心灵的触碰，有的教师甚至掉下了眼泪。我们为什么要做这样的练习？因为一个有着清晰终极价值选择的人会主动地让自己的工具价值也不断地成熟与完善（这就是心理学上所说的内部成长动力），最终拥有一种信念，一份追求，让自己在人生的路上获得满足与幸福。对于教师们来说，课程终究是需要情怀的。情怀并不来源于自己已有的那些品质，而是一种不断向上的追求，一种终其一生让自己实现自我的力量。同时，也只有拥有了终极价值追求的教师，才能够带领孩子们一步步地去探寻未来生活的意义。

在课程里，和孩子们一起，慢慢成为拥有终极价值追求的人，是我对每个教师的真诚期待！其实，对谁来说，寻找到自己的终极价值观都不是一件容易的事情。如果说工具价值观靠思考就能获得的话，拥有终极价值观则需要心灵的参与。这始终是一个自己和自己对话的过程，难也就难在这里！

写于2013年11月21日

第十二章

从教育过程到教育文化

（2017—2022年）

教育的文化实践，不仅能够帮助我们把握现在的世界，而且还能在过去、现在与未来之间建构起意义的关联。经过十多年的探索，花草园教育已由原来的对『教育过程』的探索扩展至心灵栖息的社会文化领域，开启了新的征程。

“我”的人生经历总是根植于相关事实的实际情况，从中“我”才能推知“我”的身份。作为教育工作者，这份确认是非常宝贵的。“我是谁”，决定了“我”在专业上的判断，决定了“我”和工作场域中每个人的关系，决定了“我”在教育探索中如何赋予情感、思想，也决定了“我”在面临困境时如何完成自洽。从某种意义上说，花草园发展的历史，也是“我”和我们开始从“教育过程”走向“教育文化”的过程。而这一转变，离不开花草园的“生活化课程”探索。

“自下而上”的变革之路

花草园“生活化课程”的出现，就是一场“自下而上”引发的教育变革的产物。

“自下而上”的探索，不仅意味着课程要完成一个本土化的文化历程，也表明着一种对儿童尊敬、倾听与理解的姿态。我们认为，“生活化课程”不仅满足着儿童学习与发展的需要，也促进着其完整生命的成长。在课程中，生命早期所需的安全感、归属感、认同感都被重视与展现出来，孩子与生俱来的潜能也通过课程的学习不断地得以表现；“自下而上”还意味着，这是一个异常艰苦，但却充满了创造的过程。

这些年，参与课程的每个教师与儿童都是这场课程变革的亲历者与创造者。在课程实施过程中，教师的个人经历、知识水准、哲学观念等，都直接或间接地影响着课程的质量。无疑，这样的课程对教师也提出了更高的要求。这几年，在我们对教师专业化成长的研究中也发现，相对于教师专业技能的发展，教师个人心灵的丰富与人格完整才是其专业化成长的核心。

用文化编织课程

“生活化课程”的探索逐渐从教育过程走向教育文化。教育文化一方面赋予教育实践以一种历史的延续性，另一方面也赋予教育实践以一种文化上的创造性。因此，教育文化虽发生于教育的原点，但却是与教育活动共始终的。

如果课程仅仅是满足儿童的需要，还不能被称为课程，课程应该有更高的立意。“人类必须从自己深厚的文化积淀中挑选出最优秀的部分，同时也是与个体早期接受能力相一致的部分构成一个文本（在不同的群体、民族中，甚至在不同的儿童与成人中具有可理喻性的一套开放的文化体系），这便是我们的课程。”[①] 这一观点给了我们很大的启发。对儿童来说，文化既是他们内部先验的构成部分，也是他们精神世界中内在的渴求与需要。

“生活化课程”绝不是简单地回归生活，还需要一个更高阶的文化与哲学体系编织出一条清晰的课程线索，才能将生活、儿童与教育紧密地结合起来。

对师幼关系的文化解读

作为承载文化内容的课程，本身具有特定的文化视域。但课程内容是无法直接创生出文化的原生样态的，它只能不断地培育出更适宜的教育文化，从而整体地影响人的文化心理世界。对文化的深刻理解是我们课程探索中重要的一步。

教育的文化或者说教育与文化的关系，是教育研究中极具理论价值和现实意义的问题。而幼儿园各种关系是文化的一种集中体现，文化的碰撞、文化的创新都在关系中得以实现。花草园强调每个人都能“成为我自己，我们在一起，按自己的节奏呼吸与思考”，这是文化核心的内涵，也是一种回归人性的文化表述方式。因为所有的文化都是由人创造的，只有回归到人性最美好的本质中去，文化才有可能淬炼出美好的品相。

在教育过程中，师幼关系本质上是一场美妙的“相遇”。这种“相遇”是指具有完整人格的教师与具有丰沛精神的儿童的相遇，“相遇”的主题不仅以“知识”为目的，更在于情感、思想、智慧的碰撞和精神世界的交互成长。教师与儿童在共同的生活中，幼儿深深地进入了教师的精神世界，教师也在幼儿的开放的接纳中走进他们的精神世界之中。两者精神相遇的地方，教育的意义也悄然而生。

在幼儿园的文化构成中，教师是主要的文化载体，他们承载着教育使命，也用自己的文化影响着儿童的发展。多年来，我们一直关注教师的文化成长。因为制度与规范更多的是通过外力来约束一个人，而文化则能够让自己主动寻

---

① 虞永平：《学前课程价值论》，23 页，南京，江苏教育出版社，2002。

老师们和孩子们在一起

求更大的进步与发展。但教师对文化的理解，并不能由他人传递，而是需要在实践中，通过行动，不断将自身敞开，去感知、体悟，成为课程的一部分，又以行动获得对课程文化的认识，在生活文化的河流里，同频共振。

在教育探索的过程中，我们也认识到，教师不仅要了解儿童，还应该了解儿童背后的文化与哲学。因为儿童的发展脱离不了文化，同时我们也意识到，儿童既是文化的传承者，也是文化的创造者。儿童的进步与发展也终将带来文化的进步与发展。

文化引领幼儿园发展的未来

当今世界文化处于不断更新变化之中，更新的速度随着经济全球化的加速不断加快，但文化中的“千千万万的学童们发现那个世界里竟然找不到他自己和他的朋友们可以涉足之处”[①]。布鲁纳认为应该将人置于文化情境中，在人与人的交互过程中加强人对自我和对他人的理解，而不至于在多元快速的文化进程中迷失自我，产生文化冲突。所以，我们必须在教育中以文化为工具，用文化引领幼儿园的未来。

文化是比教育更宽泛、更大的一个概念。文化为教育提供资源和工具包，教育是促进文化的传播与传承的主要手段。对教师而言，学习和思考永远都是置身在文化情境里，并且永远都需要依赖文化资源的使用。在这样的文化空间中，教师形成了一种比较稳定的“生存情态”。教师的“生存情态”是教师的生存方式、生活智慧、生活风格、行为准则及其策略的总根源，它一旦形成，就具有相对的稳定性。种种稳定叠加在一起，就构成了教师专业性的稳定。

文化是“生活化课程”的根。花草园的课程改革，用儿童文化和社会文化“编织”课程，通过对教育中各种关系的解读以及对“回归”“联结”“对话”的重新定义，为儿童创建了一套能够较大限度满足发展、需要的课程。在这套课程中，儿童置身于文化的情境之中，利用文化工具和资源，实现个人生命成长。在这样的文化情境中，我们才得以看到幼儿园教育最真实、最美好的课程未来。

今天，“文化”越来越成为一种决定性的力量。这些年来，我们逐步形成了一种“花草园文化”，并最终将其凝聚成为一种文化的定力，深深地影响着园所管理、课程探索、教师成长、幼儿发展等幼儿园教育的各个方面。

花草园18年的教育探索，经历了从认知主义到文化主义的转向，并最终将教育的核心落在文化和心灵上。教育的文化实践，不仅能够帮助我们把握现在的世界，而且能在过去、现在与未来之间建构起意义的关联。这十多年，我们的教育已由原来的对“教育过程”的探索扩展至了心灵栖息的社会文化领域，开启了幼儿教育领域文化研究新的一页。

---

① [美]布鲁纳：《布鲁纳教育文化观》，223页，宋文里译，北京，首都师范大学出版社，2011。

花草园 15 周年园庆日

第四部分
办学思想的形成

第十三章 教育思想

这几年，我们越来越认识到，幼儿园不只是一个知识输出的场所，还应该是一个不断形成思想的地方。我们对儿童的尊重越多，越是能够倾听他们的声音，越是重视呈现他们的思想及思想的变化过程，他们也就越能成为主动的学习者。

中国人常说，十年磨一剑。

我越来越感觉到，从不惑之年到知天命之年是一个历程，每个人都开始慢慢回归到文化认同中，我强烈地感受到中国人的文化身份以及文化基因对自己的影响。

在寻找精神家园的过程中，我重新拾起了曾经放在一边的传统文化书籍，开始用心灵感悟其中蕴含的智慧。幸运的是，我们生活的这个时代，只要愿意，尽可以徜徉在无论是西方的还是东方的文明智慧中。

1. 2006 年和同事们前往香港大学访问　2. 2007 年在美国俄勒冈大学访学
3. 2009 年于剑桥大学数学桥前　4. 2010 年在日本九州女子大学考察交流

“这几年，我们越来越认识到，幼儿园不只是一个知识输出的场所，还应该是一个不断形成思想的地方。我们对儿童的尊重越多，越是能够倾听他们的声音，越是重视呈现他们的思想及思想的变化过程，他们也就越能成为主动的学习者。”作为一所拥有专业背景的幼儿园，我们对教育核心问题的探索从未停止过。建园初期，幼儿园不断借鉴国外先进的教育思想与观念，但逐渐发现，这些先进的思想与方法尽管对我们有所帮助，但对于教育本质问题的思考，却始终无法给出一个令人满意的答案。

随着探索，我的思考也越来越深入：什么才是中国人思考教育问题的基本出发点？我们能够从自己民族的文化中汲取到什么样的力量？我逐步体会到，那些根植于中国人内心深处的文化基因是如此强大，这种充满着智慧与力量的文化才应是我们办学的思考方向。

在传统文化思想的指导下，我们对幼儿园的环境创设、师幼关系、管理模式、课程建设等方面进行了多角度探索，这几年，逐步形成了一套较为完整的“自然主义”教育观。

自然原本指事物本来的样子，在传统文化看来，这是一种非常高的境界。遵从事物本来的面目，才能达到“天人合一”“道法自然”的境界。在教育的核心问题上，只有传统文化才能给我们一个满意的答案。

怎样用“自然、本真”的方式引导儿童的学习，营造出教育的另一种氛围，也是我一直在考虑的。

幼儿园的环境——“虚室生白”

庄子说“虚室生白”（出自《庄子·人世间》），是说内心清净、澄澈明朗就能悟出“道”，生出智慧。初闻此言，醍醐灌顶，但学会摒弃心中的杂念，保持清澈明朗的心境是一个长期修炼的过程，非一时一日之功。但我体验到那种清澈之后，内心的能量陡然增加，感觉对事物的判断也变得简单明朗了起来。

幼儿园刚开办时，大家不知该选择什么颜色来表达教育追求，只好想当然地选择了以为儿童喜欢的彩色装点环境。但随着时间的推移，我发现，儿童精神世界与其表现形式的丰富性无须借助任何颜色就能绚丽多彩，自然的色彩以及干净的白色也许是衬托儿童世界的最好颜色。

这一认识也从另一个角度表达着我对教育的追求。在我看来，儿童是不应该被涂上颜色的，他们应该尽情地表达自己的颜色；儿童不应该被成人想当然地认为应该怎么样，而是应该在成人的帮助下健康地活出自己原有的样子；儿童不应该被成人控制，而是应该被尊重；儿童不是要学习成人世界中的那些繁复的东西，而是要借助于原有的天性，和成人世界建立起特有的学习通道。

纯净的白色是最简单的颜色，也是最丰富的颜色。在我的心目中，幼儿园应该是白色与大自然真实颜色的结合体。唯有如此，才能彰显出儿童的绚烂多姿；也唯有如此，才能让成人静下心来，倾听来自儿童的天籁之声，欣赏他们诗意般栖居在大地上的姿态……

在花草园诗意栖居的孩子们

儿童观——“一花一世界”

“一花一世界”是佛家用语，意思是，从一朵花里就能看到整个世界。

当“一花一世界”这句话开始盘旋在脑海里时，我发现，在幼儿园里，每个生命的轨迹都被重视，每个生命的状态都被展示，每个生命都异彩纷呈地绽放着，这就是我想要的样子。当然，需要绽放的不仅是孩子，还有教师们和我。

在幼儿园里，到底应该把孩子看成“整体中的个体”还是“个体组成的整体”？这是一个教育哲学中的价值取向问题。更确切地说，幼儿园到底应该按照社会标准来塑造个体，还是让每个生命都绽放出光彩，能够积极地去适应社会?

我们希望能看到：每个孩子在幼儿园里都是被重视的、有独特价值的。当每个孩子都代表一朵花，被成人看成了解世界的途径时，我们对儿童的爱与欣赏也就油然而生。在教师们眼里，每个孩子都是一朵独特的花，每个人都代表了一个我们未知的世界，值得用心去探索。说到底，幼儿园要做的，就是为孩子们创造出一个展示精神世界、学习方式、情感方式的舞台。

儿童是一种美好的存在，但是能看到这种美好的人少之又少。很少有人静下心来打量儿童的世界，儿童的美好总是被匆匆地一带而过。童年既像是一幅逼真而完整的人性画卷，又像是一本通俗而丰富的人性绘本，儿童是成人的镜鉴，儿童的存在本身就是对人类文化的巨大贡献。

一个真正的儿童教育者，应该始终对儿童抱有持续的、足够的好奇心，总是愿意倾听儿童，和他们一起幸福地创造当下的生活。教育的内容和过程，本质上是为了帮助儿童获得幸福感。

儿童是一种美好的存在

对儿童的再认识

我们对儿童的认识，伴随着实践的深入而不断深入。

从哲学的意义上来讲，儿童的整体生活、游戏和他们对世界及自己的思考是紧密结合在一起的，哲学上称之为“混沌之美”。成人只有在进行哲学思考时才能回到本源，用经验重构对世界的认知。当我们渐渐老去的时候，生命的整体感才会伴随着豁达再次呈现。儿童则无时无刻不体现着思考与学习的整体性和完整性。

对孩子们来说，创造是喜悦的，唯有创造不需要努力。那些需要努力的，与创造无关。

儿童的发展应包含“身、心、灵”三个层面。身的发展，不仅指身体的发展，还包含着认知的发展，因为大脑也是身体的重要器官；心的发展，指超越了当下的认知更直接地感受问题，同时伴有哲学思考的过程；灵的发展，儿童心灵的丰富程度远超成人。所以在教育中，我们会特别注重谈心灵的感受性、丰富性，总会问孩子：“你的感受是怎样的？”但是，灵的发展通常被我们忽略。儿童的灵魂的表现方式比成人的更为丰富。他们总能感受到一些成人无法意识到的东西，直击事物的本质，然后用清晰的语言表达出来。教育工作者对这一部分的认识，一定程度上决定了课程的高度和深度。

学前教育工作者如果不能意识到儿童的心灵和成人有所不同就不能创造性地开展工作，也就不可能真正地了解儿童，这也是对儿童教育资源的极大浪费。

我们的教育改革能否找到最关键的部分？如果我们总是在儿童的认知层面打转，是很难有所突破的。因为在认知层面上，儿童无论如何也比不过成人，毕竟成人有那么多的学科训练，有发达的大脑。但在心灵层面上，儿童的心灵可以“乘物以游心”，想象给他们的生活带来了无穷的魅力。所以，他们的语言、思想、灵性总是能够打动成人。

儿童学习的有序性恰恰是以“无序”的状态开启的。例如，有关树叶的学习。一开始，孩子们并不热衷于了解树叶的构造、原理以及知识，他们更喜欢富有创造性的游戏，如扔树叶、撕树叶、趴在树叶堆上……这样的“无序”本身带有情境性，儿童从中获得宝贵的经验，也是有序学习的开始。

在教育过程中，教育者如果能够合理地融入自己的创造性和个性，就能使自己及受教育者在完成教育过程的同时，享受教育的美好。

游戏观——“乘物以游心”

游戏（play）可以被翻译成创造性地玩耍。“创造性玩耍”应该是儿童生活中的核心，它能帮助孩子将自己的经历与想法用想象编织在一起，创造出属于自己的一种生活，它也是孩子旺盛创造力的一种重要表达通道。如果孩子们的生活中缺失了这种自由自在的游戏，成长就会受到严重的影响。游戏原本就是指儿童创造性的、开放性（open-end）的玩耍过程。

在花草园，每周五是无拘无束的儿童“畅游日”。因为我们一直在探索，怎么能让孩子们在这里玩得“更开心”。“更开心”对孩子而言就是更自由、更放松、更能遵从自己的意愿。“畅游日”就是我们探索的体现形式之一。

这一切的实现，得先让孩子在幼儿园里找到家的感觉。这个目标的实现，看似容易，实则不易。首先，教师们得给孩子们创造轻松愉悦的精神氛围，让孩子们感觉在幼儿园和在家中一样放松，他们才会敢想、敢说、敢做、敢玩；其次，幼儿园得有勇气将那些看似更有价值的课程舍弃一部分，并充分认识到，这样的游戏对儿童发展更有意义；再次，幼儿园还要放下那些和儿童安全相关的担忧，让他们尽情地游戏；最后，还需要有大块的时间来让孩子们游戏。

为实现这个目标，我们选择了每个周五，有意识地不安排那些所谓有价值的学习活动，而是给予孩子们更多、更自由的游玩空间与时间。对孩子来说，这是一种释放与矫正，也是一种更有意义的学习。在这一天里，孩子们想玩什么就玩什么，想怎么玩就怎么玩！所以，这一孩子们可以畅快自由游戏的日子，被取名为“畅游日”。

畅游日里，孩子们选择的游戏主题大都和自己的生活经验相关。这一天，他们借助于各种自然材料，在大自然里自由地玩耍。对孩子们来说，玩不是为了玩，而是“乘物以游心”。在玩的过程中，他们的心在驰骋，每一次游戏，都是一次心灵的翱翔。当教师们观察到这一动人的瞬间后，对儿童游戏的态度会发生根本性的转变。

1. 雨水花园里的游戏　2. 我们都是粉刷匠
3. 丛林游戏　4. 大手拉小手　5. 跳石头房子

课程观——“厚德载物”

一个有生命力的课程一定是接地气的。对于中国人而言，这个“地”就是民族文化的土地。中国几千年的农耕社会铸就了传统文化的根基，人们热爱土地、崇尚土地的力量。大地被认为是万物的承载。这些年，我们以传统文化为依托，结合儿童学习的特点，构建了一套“回归与还原儿童本真生活”的课程体系。应该说，这套课程体系也是传统文化落实到儿童身上的物化与直接体现。

比如在 12 月，中国“二十四节气”中的“大雪”“冬至”相继而来。寒冬的北方，土地和万物休憩，而土地上耕作的人们也得以享受一段农闲时光，把幸福变成食物呈现在餐桌上，将一年的美好藏在心底。这一个月，幼儿园的孩子们迎来了“美食月”，他们会请家人来幼儿园一起做食物，在成长过程中感受饮食的变化规律，了解食物对生命的意义。他们调查自己家餐桌上的食物，了解食物的分类，对中国有地域差异的饮食文化建立起初步认识，知晓一些关于饮食和健康之间的关系的科学理念。他们也会运用“科学”的视角去探寻中国人的生活智慧，品味祖先留给我们的宝贵的精神财富。

1	2
3	4
5	6

1. 鸡蛋的沉浮实验　2. 泡菜封坛　3. 揉面做馒头
4. 做橘子罐头　5. 卤水“点”豆腐　6. 用柿子皮制作扎染染料

中国文化博大精深，但其核心在于对德性和境界的崇尚。所以，中国人的生活总体上是从容的。我们将中国文化独有的气质和力量融合进生活化课程里，目的是要培养整全的“中国儿童”。

教育就其内容而言，无非是文化与生命之间的积极互动，任何教育都是立足于个体生命而展开的文化引领。文化本身是一条宽阔的河流，我们应当向这条河流中注入新鲜的东西。教育文化，一方面赋予教育实践以一种历史的延续性，另一方面也赋予教育实践以一种文化上的创造性。

教师专业化发展——“格物致知”

教师是儿童学习与发展的重要引导者，他们的专业化水平直接影响着儿童学习的水平。教师成长不是一个标准化的过程，而是一个个性化的过程。相对于教师专业能力的发展，教师个人心灵的丰富与人格完整才是专业化成长的内部核心因素。积攒、总结、升华自己的成长经验，首先应该是作为“人”的成长经验，其次才是作为教育者的成长经验。

对我们园的教师来讲，专业水平的提升，不是通过“坐而论道”的形式完成的，而是通过“格物致知”的方式慢慢体悟的。“格物致知”是儒家思想中一个非常重要的构成。著名思想家王阳明对“格物致知”的解释是“接触事物（格物）是获得知识（致知）的方法。但心很容易被人欲所蒙蔽，因此，只有通过格物的方式才能通晓天地万物之理”。他认为，“格物”是“止至善”之功。既知“至善”，即知“格物”矣。

对于教师来说，如果能够用“格物”的心态去面对工作，保持谦逊与专注，不仅专业能力得以“精进”，也能够渐渐“明心见性”。这个过程中，教师要敢于碰触自己，学会梳理自己的内心，推翻原来的一些见解，重新建立起内心秩序。只有专注于当下的思考，内心安静，才能看到自己最本真、最自然的样子。而这份“本心”“本性”恰恰是幼儿教师最关键的专业品质。

我们认为，教师的“格物致知”不应只停留在浅层的对教学技巧、知识传授的关注上，而是应该走向对教育问题的哲学追问，实现更高层次的超越。在哲学追问的过程中，教师的教育信念逐步形成。而拥有信念的教师能从更宽广的视野审视自己的教学行为，这样的教师会散发生命的活力，拥有很强的职业幸福感。

1. 罗希悦老师和孩子们一起奔跑
2. 田巍老师和孩子们一起观看光影
3. 我参与了孩子们的“京剧近距离”活动
4. 郭佳老师和孩子们一起读书

教育，尤其是幼儿教育终究是需要情怀的。幼儿教师是护根者。能够抵达远方的，从来不是能力，而是使命感。我们从事的是一份为民族护根、为未来奠基的事业。要有使命意识，不仅要看到当下，而且要眺望未来。

我们每年3月都会接待一批实习生，在这里，我们称他们为“新教师”。实习结束后，一部分人会选择留在花草园工作。一年之后，他们不仅能够胜任这里的日常工作，还会成为幼儿园宝贵的新鲜力量，让幼儿园的文化生生不息。

每年新教师入职，我们都会组织专门的培训，也会有老教师给新教师提出一些建议和忠告，这些建议和忠告也汇集成了一份《新教师成长守则》。

新教师成长守则

1. 微笑

从进入幼儿园的那一刻起，尽量保持微笑。因为微笑不仅拉近你与大家的距离，也会让自己看起来更轻松一些。

2. 整洁

衣着整洁，头发干净，这是对孩子们的尊重，也是对自己的尊重。

3. 视角

每天进幼儿园大门前都问自己，要不要做一个孩子们喜爱的老师？如果答案是肯定的，就要学着放下“成人”这个身份，开始做“孩子”。

当你用孩子的视角来看待身边的一切事物的时候，恭喜你，你已经开始上道了。

4. 适应

记住，有三样东西有助于缓解生命的疲劳：睡眠、微笑和希望。

养成按时起床、按时睡觉的习惯，这是适应工作的基础。别担心，你的身体会很快适应的。

5. 忘掉

不要急于用所学理论知识对孩子的行为下结论或做出判断。

这个行业的最高境界是，你忘记了专业，但一切都自然流畅。

6. 满足

不要太依赖外在的评价。当你完成了一次令自己特别满意的活动时，记住这种感觉，时间一长，感觉会变成直觉。

同样，你学会了一件事情，就要不断地练习，把它内化，做到自己的极致。

因为，自我满足感与成就感才是你获得职业幸福感的重要因素。

7. 用敬

怀着谦卑心工作。每个机构都有自己的文化与优势，要先学会适应。

比如，每天从其他人身上找到一个闪光点，记住它。

这个世界的法则从来都是多元的。所以，学会好好说话，对领导、对家长、对同事，都是这样。

8. 记录

学会记录孩子们的对话与思考，每天和孩子聊天，走进他们的精神世界。

随时随地用文字或者其他方式记录孩子与自己的心情，及时抓住那些灵感和感受。日后这些感受会成为教育的直觉与信仰。

9. 分享

认真写观察记录和教育笔记。

多与朋友、家人、同事分享自己的故事，获得更多情感上的支持。

10. 尝试

别怕出错，要多多尝试，并向其他人请教。

其实，经验丰富的老教师们都很乐于传授自己的经验。记住，尝试永远比旁观有用。

11. 计划

学会做计划。别把做计划看得那么复杂。

刚进班的前两天记住所有孩子的大名与小名就是你的第一个计划。

12. 细节

一开始就脚踏实地工作，别耍心眼。

以始为终，把每一个细节都做好。

13. 兼爱

你有自己喜欢的孩子，这很重要，但这只是第一步。最终，你发现每个孩子都非常可爱，这才是关键。

14. 道歉

和孩子交流时，如果发现自己错了，一定要给孩子道歉。因为这是赢得他们尊重的重要方式之一。

15. 沉静

不要想着一下子就要吸引所有孩子的目光。

只有自己是舒展的，孩子才会慢慢靠近你。

16. 专注

不要给自己太多的任务，这会消耗注意力，要学会保持专注，一心一用。

不要着急，最好的总会在最不经意的时候出现。

17. 分解

把不切实际的任务分割成合理的小任务，只要每天都完成小任务，你就会越来越接近那个大目标。

18. 理性

有时候，我们会疲惫，但使人疲惫的不是远方的高山，而是鞋子里的一粒沙子。

19. 读书

多多读书，凡有所学，皆成性格。

20. 坦荡

有机会多出去走走，当我们看到的世界大了，才能更加宽容，更加坦荡。

实际上，接受彼此的不同，尊重差异已经成为“了解世界”的重要方式。

21. 面对

要敢于面对自己的不足，也能接受自己的不足。

不害怕领导的批评。

正视自己的焦虑，有时候焦虑反而会成为成长的契机。

22. 游戏

不要着急，要慢慢寻找工作中舒服的感觉。

如果有一天实在不知道该做些什么了，就试着先和孩子们一起玩吧！

23. 吾师

感觉迷茫的时候，可以问问孩子，每一个孩子都是天生的哲学家，他们一定有答案。

24. 好奇

始终对这个世界保持好奇，这样你就会拥有属于你自己的视角。

25. 及时

当天的事情不要推到明天去完成，因为你会发现，明天还有更多的事情。

26. 自律

学会自律。在做事之前做好准备，用责任感加强自我约束力，不给别人找麻烦。

27. 思考

学会深度思考，任何一个问题都可以让我们无限地探究下去，从而帮我们形成长期的、一贯的思考路径。

28. 调整

每当有不愉快的事情时，要及时整理自己的情绪，别将消极情绪传给别人，因为别人没有义务分担你的情绪。

29. 节奏

孜孜不倦，不紧不慢。

30. 未来

时间决定你会在生命中遇见谁，你的心决定你想要谁出现在你的生命里，而你的行为决定最后谁能留下。

我与几位新教师

家长工作——“执大象，天下往”

家长工作是幼儿园工作中一个很特别的部分。当正确的教育思想不被家长认可的时候，教师会感到很无奈。在学前教育领域，有一种看法，机构是专业的，家长是非专业的，所以，家长要学会服从机构的管理与指导。现行大部分幼儿园家长工作的思路也是这样的。但这样做的结果是，即使家长能参与幼儿园的教育，也多是被动的、流于形式的、浮于表面的。

父母是影响儿童发展的最重要的他人。机构的影响无论有多大，都需要通过父母的影响来传递给儿童。所以，幼儿园教育与其说是对儿童的教育，不如说是通过对父母的影响来影响儿童的教育。机构的作用就是在孩子与父母之间搭建一座通往彼此心灵的桥梁。这才是幼儿园家长工作的真谛所在。也只有这样，幼儿园教育无论是课程还是教育形态，才能彰显出其专业的力量！

在幼儿园发展与探索的过程中，我不停地在思考：有没有一种和谐共生的关系，让家长心悦诚服地参与到孩子的教育中，同时，还能将自身的生活、经验变成教育的有效资源和力量，共同促进儿童发展？

在“生活化课程”里，我们为家长工作设计了一个闭环的结构：觉知—反思—调整—自我完善。我们会通过各种方式让家长觉知自己——“原来我在孩子的生命中是如此重要的存在”。比如，我们曾经和孩子们讨论过一个话题——“爸爸妈妈是这样爱我的”，因为很多孩子觉得爸爸妈妈不够爱他们，当爸爸妈妈通过他们的方式表达自己的爱意的时候，很多孩子都落泪了。在那一刹那，父母和孩子的心灵联结在一起。父母也借由这个活动开始觉知自己作为父母的责任，反思自己，调整自己。其实，他们调整的不仅是自己的教育行为，更是一种生命状态。他们在自我的生命状态里，完成人格上的自我完善。在这个过程中，家长和孩子彼此照见，也彼此理解，成为最好的学习同伴，也成为越来越好的自己。

《道德经》里有这样一句话：“执大象，天下往。”就是说，当你掌握了“道”的时候，就应该坚定地走下去，天下的人都会渐渐归顺。幼儿园十多年来坚持正确的办学理念，不媚俗、不盲从，于是家长渐渐地成了幼儿园志同道合的伙伴。

1. 爸爸来幼儿园演绎绘本故事
2. 职场爸妈：“我的爸爸是医生”
3. 半日开放：父亲的力量
4. 妈妈来幼儿园做食物
5. 一起分享关于北京的“项目学习”海报
6. 半日开放：树枝游戏

很多家长视幼儿园为精神家园，他们认同正确的教育思想，积极参与到教育中。当幼儿园能够看到家长的积极变化，家长也能发现幼儿园的努力时，双方都真切地感受到了彼此互为因果的和谐状态。

第十四章

课程思想

课程的线索一定要和民族文化基因中的元素契合起来，才能唤起每个人心灵深处的温暖与感动。

影响一所教育机构办学质量的核心是课程。我们一直在探寻，什么样的课程不仅能够满足儿童学习的需要，更能够促进他们智慧与心灵的成长?

生活即教育

我认为，课程的线索一定要和民族文化基因契合起来，才能唤起每个人心灵深处的温暖与感动。

对于儿童来说，生活既是学习的内容，也是学习的方式；既是他们当下的存在，也是构建学习能力的基本要素。越来越多的研究表明，即使不借助符号认知，儿童也能够通过自己的方式完成学习。在孩子眼中，生活有着无穷无尽的变化与乐趣，激发着他们探索的欲望，他们会主动运用感官，在思维层面进行判断、推理、整合与加工。课程要以儿童发展为核心，通过还原儿童生活，帮助他们从不同层面完成学习，课程的表现形式也应是生活化的。教师和孩子一起感受生活，用孩子的方式学习与探索，帮助他们将零散的知识经验结构化，进一步内化为知识与觉知。课程是要用生活来完成“学习”，而不是用“学习”来替代生活。

“一米菜园”的收获

让孩子爱上学习

传统的教学，大部分时候是教师在教，儿童在学。儿童自身学习的愿望与积极性并不被重视。其实，儿童学习的方式非常多样，他们对世界有自己的探索方式，对自然也更敏感。儿童思想的开阔性、对事物探究的积极态度，以及精神世界的丰满程度都是成人望尘莫及的。因此，课程应以儿童自身的学习规律、特点为出发点，在儿童学习中，老师与家长更多的是倾听、记录与归纳，以满足儿童自主学习的需要。总之，课程不需要孩子们重复我们知道的知识，而是要运用恰当的方式保留原本就属于他们的丰富思想与情感、创造性的大脑以及开放和建设性的心态。

在课程实施过程中，首先，要解决的是教师与儿童的关系，教师要帮助儿童建立安全感。安全感是指在教育活动中，儿童是松弛的，师幼是平等的，儿童能用自己的思想去碰撞别人的思想。比如，中班开展以“我家的垃圾”为主题的学习活动，老师先做了预设，认为香蕉皮、西瓜皮是垃圾，但孩子认为不是，香蕉皮可以做肥料，西瓜皮可以做玩具。老师当时就觉得没办法继续了，只能先停了下来，重新确定课程的思路。但这就是课程，没有对错，没有二元对立。对儿童来讲，垃圾在他们眼中都是有用的东西，这就是儿童了不起的地方，他们有更为宽广的思想体系。在这个过程中，儿童是有安全感的，他们敢质疑，愿意和老师互动。儿童这样做的时候，不仅在运用审辩式思维学习，也知道了在世界面前，成人和他们是平等的。

其次，教师要在课程进行过程中倾听与记录儿童。在课程中，儿童的表达教师要完整地记录下来，之后，课程将沿着儿童思考的线索深入。很多人很好奇，你们为什么要把孩子们学习过程中的所有表达都记录下来？因为，这些内容不仅是课程的内涵，也是成人了解儿童内心世界的一把钥匙。

最后，课程的升华。课程之初，孩子们和老师们一起讨论、思辨，但课程到了最后，老师要用思维导图的方式，帮孩子把认知变成能力，将这种认知结构变成他们思维的重要组成部分，形成元认知能力。

构建儿童生活的“附近”

社会人类学者项飙教授提出了一个观点，“消失的附近”。今天，人与人之间的联结不再紧密，人们普遍丧失了一种构造相互信任关系的能力和自信。

儿童需要为自己构筑一个有意义的世界，一个与他们真正发生关系的世界。“附近”是儿童意义世界的重要来源，而意义感就是从人与人之间的关系中体会的。所以，我们的课程倡导教师和儿童要在共同生活中建构意义感。

我们需要在课程中构筑出一个关系体系，将“消失的附近”作为课程资源再现出来。我们确信，课程的资源就在孩子们的日常生活之中。

1. “桑葚汁”的妆饰　　2. 孩子们的扎染作品　　3. 下“雪”了
4. 把蔬菜储藏在“地窖”　　5. 立冬“烤”一个红薯

三个联结

构建课程的过程也是我们与儿童一起完成三件重要事情的过程。这三件重要的事情，一是帮助儿童的内心与自然建立联结，让他们学会在自然中学习、思考，同时能够倾听自然的声音，欣赏与感谢自然给予我们的馈赠；二是不断加强他们与家庭的联结，从家庭中获得价值感与满足感，由此奠定对周围人与事物的积极判断的依据；三是指导他们与自己建立联结，保留童年时与真我联结的真实感受，并学会认同自己的身体、外貌、情绪、思想，产生满足感，建立起内在基本的真我感觉。我们认为，这三件事不仅关系着孩子当下对生活的体验，也表达着他们对未来生活的态度取向。这也是决定他们未来幸福感的关键要素所在。

儿童与自然

人是“自然之子”。作为自然的孩子，孩子们更需保留那份原有的纯真与美好。大自然作为人类生活的栖息地，给人类提供了无数的美好遐想，而孩子们和自然的互动更是构成了一幅幅美妙的画卷。在幼儿园里，我们一直鼓励教师带孩子们到户外去做任何他们能够做的事情：奔跑、晒太阳、看小鱼游水、读书、说悄悄话、捉迷藏，甚至可以在户外的大树下进餐。我们发现，在自然中，无须借助任何教育手段，孩子们就能展开自主的学习：一只小小的毛毛虫可以引发孩子们关于“蜕变”的讨论；一场小雨可以激发他们开展对“好与坏”认识的辩论大赛；一片落叶则引起了关于“生命更替”的思考……而教师们需要做的只是倾听、接纳、认同与共同体验。当孩子们用自己的方式与节奏自然地学习时，他们内在的生命是绽放与自由的，这无疑是一个人获得幸福感的重要条件。

自然里的孩子们

儿童与家庭

来幼儿园参加半日开放的家长

“家”对于孩子们来说是最安心、最温暖的地方。但这份安心与温暖并不来自父母为他们购买了多少玩具、报了多少课程的学习班。那些外在的东西也许只是父母为满足自己的需要而做出的选择，因此很难触动孩子们的心灵。我们认为，孩子们对家庭幸福的感受比成人更敏感、更渴望，但只有心与心的联结与交流才能让孩子们产生幸福感。为此，我们鼓励家人回到厨房，为孩子烹制食物，尝试用最简单的方式表达爱；我们鼓励家长们和孩子一起读书，用心交流彼此的感受。我们希望父母们在孩子成长的过程中，能够耐心倾听、用心陪伴，用生命完成对另一个生命的陪伴过程。而这种用心陪伴的过程，既是奠定儿童对周围人与事物判断的依据，也是儿童获得幸福感的力量与源泉所在。

儿童与自己

世界上从来没有两片相同的叶子，每个孩子都是独特的生命个体。儿童完全接纳自己，才是获得幸福感的核心。我们鼓励孩子用做记录、写日记的方式，表达自己的心情、发现与愿望；鼓励他们在愿意的时候分享，不愿意分享时也可按照自己的愿望选择隐藏。在活动中，我们鼓励他们大胆释放自己的感受。我们允许他们哭，允许他们大笑、大叫，也接纳他们愤怒的情绪。因为，只有儿童真正学会认同自己、接纳自己，并从中产生满足感时，才能建立起积极的内在真我感觉，听到自己内心的声音。

哲学家认为，人不同于动物，是有思想、有灵魂的精神性的存在。而人的精神属性才是人感到幸福的源泉所在。作为人类的我们，不仅在这个世界上生存，还带着心灵与情感在这个世界上生活。当孩子们的心灵通过我们的努力变得越来越丰富时，世界的精彩才会对他们呈现出来，让他们最终拥有幸福感。

儿童的自然拓印

生活化课程的价值取向

我们的“生活化课程”，以“生成”作为基础。我们希望这一课程模式能够超越单一的知识形态，走向丰富的儿童知识的生成。这一认识体现了人在生活及生命活动中的重要价值与意义。那种只将知识中的符号与经验视为核心经验，并以此构建知识体系，不重视生命与心灵在知识产生过程体验的看法是偏狭的，也是不适合儿童的。

用“社会文化”与“儿童文化”作为经纬线，编织课程

我们希望的“生活化课程”，是一个开放的、变化的、符合儿童学习的课程体系。在课程探索的过程中，我们用社会文化作为经线，构建学习主题；用儿童文化作为纬线，构建学习过程。课程的主题与内容回归儿童本真的生活，主题活动形式体现了儿童与自然、文化的适切性，也体现出了课程的动态性与开放性。

用社会文化建构学习主题

我们从个体经验中最朴素的好奇开始，用文化作为解读生活与生命的钥匙。

"生活化课程"按照四季变化（春生、夏长、秋收、冬藏）与中国文化的主线展开，一共设置了 8 个主题："耕读三月""生长四月""五月，一起去探索""六月，儿童月""憧憬的九月""十月，我生活的地方""十一月，艺术就在身边"和"十二月，美食月"。可以看出，这些主题线索与中华民族悠久的历史中形成的生活轨迹基本一致。

我们试图在课程中，看到儿童，看到游戏，看到文化。

用儿童文化构建学习过程

儿童和成人最大的区别是其思想有丰沛的灵性，他们的学习不仅呈现出了一种独特的灵性，还饱含着一种精神的力量。在课程的探索起步阶段，我们观察孩子们的游戏，记录他们的语言，倾听他们的需要，借此寻找他们学习的兴趣所在，生成一些适合他们的主题教育活动。追问和寻找儿童喜欢的事情的意义，能让我们更清楚地发现儿童的现实处境，觉察成人的权力，并试着探索如何一点点放松手中的缰绳，给孩子们更大的精神上的自由。

只有回归儿童的生活，才能让课程真正回归儿童。

课程中要有"对话"感

在"文化的经线"和"儿童的纬线"交织的课程体系中，"对话"是重要的"连接点"。在幼儿园里，每个人每天都要说很多话，教师与儿童有无数次对话的可能，可以说教师的大部分教育行为都是通过言语来传输的。所以，教师和儿童用什么样的方式展开对话，是教育中一个非常关键的问题。

教学过程本身就是师幼间的一种对话形式，是对话的延伸。在"生活化课程"中，所有的对话都是在生活之中自然进行的。对话过程中，教师的作用是非常重要的。

在对话中，如何提出一个有价值的问题？教师需思考：我想和孩子交流什么样的问题？这些问题是否能引发新的讨论？这些问题能否帮助孩子厘清想法与观念？这些问题是否够帮助孩子们获得积极的情感体验？这些问题能不能让孩子超越当下的存在，获得更高阶的意义？之后，教师要引导课程沿着对话中儿童思考的线索继续深入。

我和孩子们一起讨论“三星堆”考古

课程的三块基石

我们将感受与情感、知识与认知、动作与技能作为“生活化课程”的三大基石。其中,“感受与情感”是“生活化课程”的核心与灵魂,“知识与认知”“动作与技能”是“生活化课程”的两翼。

对“感受与情感”的理解

感受是灵魂的语言，情感是学习的开端。

“生活化课程”也始终将儿童的心灵作为核心，课程是我们提供的建构儿童精神世界的“工具箱”。我们一直坚信：教育如果不涉及人格完整性以及儿童情感的培养，会使他们的心灵迷失。

传统的教育总是强调知识对儿童的影响，儿童的情感与感受似乎很少被关注。因此，“生活化课程”从记录儿童的感受与情感入手，倾听他们对事物的看法与评判。感受不仅是灵魂的语言，更是个体内在对自我的洞察。这些感受与情感的表达也往往意味着一个人灵性的觉醒。儿童对事物、对自己、对他人，都有着很强的敏感度和洞察能力。在课程学习的过程中，我们会记录孩子们的感受。一旦儿童开始表达自我感受，学习的广度、深度都会扩展，对自己、对世界也有了更深的觉知。当一个人的觉知能力增强的时候，会显现出内在的生命能量，而恰恰是这个能量，使孩子的生活充满直觉、想象与创造，他们主动开始探寻生活的意义和价值。我们要求教师不加评判地认真倾听儿童。因为一个总是被别人倾听与理解的孩子，他的思考会不断地深入。

对“知识与认知”的理解

在“生活化课程”中，认知也是一个重要部分。儿童通过认知获得的知识在发展中起着重要的介质作用。没有知识，感受无从依托。人类在多年的进化过程中，形成了一套较为完整的知识体系。但是，不管知识体系多么严谨，它也只是一种对客观事物的主观表达。越来越多的研究表明，儿童有自己的知识系统，他们可以按自己的方式，即使不借助符号学习，也能在头脑中获得相应的知识。

在课程的探索中，我们发现，生活化的课程似乎能唤起儿童原有的、内在的经验系统。当然，我们现在还无法确定儿童内在的知识体系是怎样的，但可以确定的是，借助于外在力量，能够唤起他们内在的知识经验。我们能做的除了唤醒，就是帮助他们把零散的经验结构化，形成较为稳固的体系。

对于儿童而言，知识的获得也不是为了知识本身，而是为了使自己能够获得更大发展。我理解的儿童发展含义是，“儿童通过知识的学习，觉知到自我的存在与自我的成长，进而主动成长的过程”。对他们来说，知识只是一把开启发展之门的钥匙。

在生活化、游戏化的学习过程中，儿童用自己的方式完成自我建构。如果我们观察儿童的学习就会发现，他们首先通过感官探索外部世界，然后在思维层面自行整合。这个过程中，如果孩子没有和真实的事物接触，没有真实的探索和体验，那么，所谓的感知和学习都会变得毫无意义。获得知识、满足发展的最佳方式就是在生活与游戏中学习。

对“动作与技能”的认识

我们认为，“生活化课程”中运用感官和动作学习，不仅符合儿童学习的特点，同时，伴随着情感形成的“技能”，还会永久保留，成为生命深处的记忆。

中国文化中关于“道”的阐述给了我们很大的启发。在传统文化看来，“道”并不是一个空泛的观念，而是在反复的操作实践中获得的一种无法言传的个人体验。“生活化课程”所追求的技能目标并非靠单纯的训练得来，它更接近于中国传统文化中关于“道”的描述。这种“技能”是一个非常个人化的能力，必须靠个人的努力才能完成，这有利于儿童学习品质的形成。当儿童带着意义感进行操作时，也会将对知识的记忆、理解、创造依托在具体的事物上。这样的学习方式也能够唤起儿童的专注、坚持、不怕困难、不断探索的学习品质。

1. 春日写生　　2. 分享“我的名片”
3. 一起阅读　　4. 研究大树

回归自然、回归传统、回归生活、回归儿童

“生活化课程”本质上具有回归自然、回归传统、回归生活和回归儿童的

特性。"回归自然"是指"生活化课程"的大主题均取材于四季流转的自然环境；"回归传统"是因为它是一个立足于文化传统的课程；"回归生活"是希望儿童生活的流畅性、自然性与完整性被保留。儿童要用生活完成"学习"，而不是用"学习"替代生活；"回归自然""回归传统"和"回归生活"其目的又指向了"回归儿童"。

回归自然

回归自然中的"自然"，是真实的自然，也是人文的自然。我们花了十多年的时间为儿童打造了一个适合他们学习与探索的户外自然环境，这个环境不仅体现了自然的本来面目，也有人类早期探索活动的轨迹。这里的"自然"还指"重视自然对儿童的积极影响"，鼓励"运用自然、本真的方式引导儿童学习"，"让幼儿园里的人、事、物都回归到原本就有的自然的样子，形成一个和谐的气场，共同影响儿童发展"。

因为对于儿童来说，自然是他们赖以生存与发展的重要环境，也是构成教育的关键元素，更是他们未来获得幸福感的重要源泉。今天，人们的活动空间看似不断拓展，但精神生活的空间却并没有同步拓展，自然作为人的精神生活的构成，陪伴的意义在不断削弱。回归自然是回归的开始。

回归传统

对儿童来说，文化既是他们内部先验的构成部分，也是他们精神世界中内在的渴求与需要。回归传统，即生活化课程的文化主线是基于中国的传统文化，课程主题均是中国传统文化精神的再现。儿童要通过各种方式感受与领略不同的文化习俗，体会中华文化的多样性。例如，在一年的最后一天，孩子们会穿上喜庆的衣服，拿着庙会的"通关文牒"，自由地穿梭在各个摊位前，感受不同的风土人情，领略各地不同的文化习俗，体会中华文化的多样性。

回归生活

回归生活，即课程的设置是基于儿童当下生活的。对于儿童来说，生活原本就是流畅的、自然的，生活本身就应该是教育的构成。教育应该满足人们在形象中感受生活以及自然地生活的内在需求。因此，生活应是教育的出发点和归宿，教育与生活之间有着内在的精神契合性，儿童的教育同样需要以生活为基点进行审视。我认为，幼儿园课程的本质、价值诉求和内容均要体现出生活化的特点，这样方能彰显儿童生活的精神性，让教育回归儿童生活的本真。

但“生活化课程”又不完全等同于儿童的生活。它一方面是指课程具有生活的特征；另一方面表明它也不同于生活，来源于生活，却又高于生活。“化”表示某种性质或状态的转变，但转变不表示等价。我们试图用人类美好的文化形塑儿童的生活，最终又回到儿童的生活之中，帮助他们实现生活经验的重塑与再造。

回归儿童

“回归传统”“回归自然”“回归生活”的目的最终指向的都是儿童。生活化课程最终的追求是回归儿童的全面发展。“回归儿童”意味着，我们会将生活中美好的东西一点一滴地渗透给孩子们。通过他们的眼，通过他们的手，通过他们的嘴，通过他们的心，帮助他们建构对自然、对生活的全新认识。

1	2
3	4

1. 丈量小池塘　2. 用身体搭建“树屋”　3. 晾晒扎染作品　4. 孩子们制作的食物纸

我们要用儿童的生活构建出一个平台，让儿童在生活化、游戏化的学习过程中，用自己的方式完成学习，建构出属于自己的知识体系，让课程真正回归儿童。

培育完整儿童

生活化课程的价值理念是将儿童看成一个完整的人。因为生活化课程的学习与儿童的生活非常接近，无时无刻不体现着学习与思考的整体性与完整性。持续性分享思维被视为儿童创造性和批判性思维的重要部分，这是儿童成为完整人格的重要条件。在生活化课程里，我们使儿童的思维始终处在一种持续性的分享过程中。孩子们每天都有大量的时间进行讨论，完成解决问题、阐明概念、扩展认识的学习全过程。

所有人都是课程的贡献者

每个人身上都携带着丰富的文化密码，儿童也是如此。当成人将目标聚焦在儿童发展上时，关注点不再是他们掌握知识的多少，此时，儿童能感受到你愿意真诚地理解他，他开始与教师、与父母分享他的感受。当成人和孩子们一起完成学习讨论时，所有人都成了学习者。当然，在教师的帮助下，家长也可以运用自身的文化优势参与到课程中，与孩子互动。在参与的过程中，我们看到，通过课程，成人可以真实地觉察到孩子作为有灵性的生命存在，他们开始学着反思、调整自己的行为，在自我成长的道路上也迈出了重要一步。

孩子、教师、家长共同成长

课程主题开放性与形式的“空筐结构”决定了所有人在其中都能够获得满足。对教师而言，课程需要他们拥有开放的、有生成感的、成长性的宽泛眼界。家长的参与，也让课程拥有了更丰富的内涵。父母作为课程资源的重要贡献者，他们的力量会成为课程中最宝贵的财富。这样的课程，让每个人都开始关注内心，学会清晰地体察、认识自己。当所有人内在的力量都被激发出来且通过课程与

1	2	3
4	5	6

1. 研究幼儿园的水循环系统　2. 水的三态实验　3. 石头瀑布
4. “西游记”主题畅游日里的老师们　5. 轮胎里的学习　6. 搬运石头

儿童发展目标联结在一起的时候，一定有一个看不见却能够感受到的强大的教育气场。

这样的课程体现的是对儿童本真生活的高度认同与尊重，因此，它被称为“回归与还原儿童本真生活”的课程。在课程里，儿童发出的声音每天都被不断地倾听与记录。当成人与儿童的关系体现在思想可以碰撞的层面上时，课程中，每个人内心丰富的感受、对事物的认识与观点、生命深处的期待与渴望都会被激发并表达出来。至此，教育才变得特别有生命力，呈现出一幅美妙动人的画卷！

教育实践本质上是一种文化探索，而文化的变革越是缓慢，就越能得到确切的成果。真正的教育变革应是根植于每一个儿童、每一个教师而进行的。对教师来说，这也是一个不断学习的过程，他们必须亲身经历改革过程中的各种混乱状况，摸索新的教育方式。

教育变革并没有什么捷径可走，因为真实的变革必须穿越身处其中的每一个人的心灵。

第十五章

管理思想

控制和真诚很多时候是对立的。控制是因为怕真诚，越不想去控制的时候，美好的东西才越能够表现出来。希望这里所有的人都能学会放下控制，倾听、欣赏、观察儿童和身边的每一个人，这就是幼儿园每个人人格成长努力的方向。

左手管理，右手信仰

“现代管理学之父”德鲁克说过：一个机构要“左手管理，右手信仰”。当我不再依靠简单的管理，而是和教师一起思考我们做的事情的意义在哪里，探寻每一件事情背后的源泉和意义感的时候，管理开始有了一个新的方向。

这十多年来，园里很多教师最大的收获莫过于借助工作开始意识到，作为一个人的身心修为、思想、情感、内心世界的建立与成长是何等的重要。我们不仅找到了工作的意义和源泉，也看到了生命的意义所在。

“向儿童学习”体验“心流”的力量

心理学家米哈里用“Flow”形容一种状态，这个词被译为“心流”“意识流”，或者“沉浸”。工作中，当有“心流”的时候，快乐意识流就被启动了。这是一种将个人心力完全投注在某种活动上的感觉。当心流产生时，人会有高度的兴奋及充实感。因为把自己的心力、意识流完全地投入某个活动上了，享受到了那种高度的兴奋感、充实感、满足感、愉悦感。当教师在工作中能够产生心流的时候，信仰也就自然而然地出现了。

我们倡导教师要“向儿童学习”，孩子们个个都是“心流”的高手。如果我们能从儿童身上学到“心流”的意境，工作的境界将大大提升。因为，当所有的力量都来自内心深处时，教育不再是教师说了什么，教师站到那里，就会非常有力量。

在这里，每个人都拥有一片天地

这里的每一个人都拥有自己的一片天地。大家在这一片天地里耕耘、探索。这片天地不光是教师有，家长有，孩子们也有。幼儿园的课程保持了很好的开放度，有“空筐结构”，任何人都可以往里面装自己想要的东西。同时，课程来源于生活，而生活本身就是开放的、多元的，这样，新教师在进入课程教学的时候就不会感到陌生，就如同生活一样。

在每个学期的总结会上，所有的教师都会围坐在一起，表达自己的收获和感受。每一次回顾都能见证彼此的成长。在这个过程中，老师们没有虚假的寒暄和客套，有的只是真诚的诉说。

对教师来讲，这里的工作已成了他们生活的一部分。当生活和工作紧密相连的时候，就会看到工作的无穷魅力。因为工作带有不可知性，带有意义感，指向未来，大家会觉得有趣、有价值。同时，这样的工作带有真情实感，大家的所思所想，甚至困惑、局限，都可以自由表达。当每个人都可以很好地解决课程中的问题的时候，生活能力和生活质量也会大大地提升。

大家都在思考，这里的每个人对“精进”都有自己的理解。这些年，老师们在各自的探索道路上不遗余力，用自己的经验、用自己的生活、用自己的智慧、用自己的研究能力来完成各自的“精进”。每一个人都在用自己的方式往前走。有的人思考的可能是课程中儿童的情感与灵性，有的人思考的是课程中儿童的能力，而有的人思考的是课程中儿童学习的品质。

在这里，
心灵的成长更重要

家长经常感慨，这么丰富美好的主题是怎么想出来的？每个人都有一颗纯真的心，我们的课程能够让每个人参与进来。所以家长们每参与一次，就得到一次滋养。其实，每个人的天性中都有特别美好的部分。当一个人特别真的时候，都是善的。有了真就会有善，有了善才有美。

我认为，控制和真诚很多时候是对立的。控制是因为怕真诚，越不想去控制的时候，美好的东西才越能够表现出来。我希望这里所有的人都能学会放下控制，倾听、欣赏、观察儿童和身边的每一个人，这就是幼儿园每个人人格成长努力的方向。

文化与教师

花草园的文化不是一蹴而就的，它是慢慢地从内部萌生出来的，是从每个人的生命体验中一点一点建构起来的。花草园文化的核心是什么？很难回答。每个人的理解都不一样，因为每个人的感觉都不一样。但不管怎样，花草园推崇的文化一直是在人类推崇的真善美里游走的。

对花草园的教师来讲，文化表现在四个方面。

第一，有梦想。

花草园的教师刚入职的时候，我会和他们谈话。我不看他们长得如何，他们会不会弹琴唱歌，我就想听他们有没有梦想。梦想是什么？梦想就是有超越自己当下的一些冲动。

第二，有信念。

每个人都要有信念，信念无论大小，都是种子。我的信念是什么？是希望每一个人都能快乐地工作，希望这里的每一个孩子都"如其所是"，找到自己成长的节奏，变成更好的自己。

第三，行为自律。

要实现信念，就必须有一颗自律的心。自律是指无论有没有人要求你，你都要对自己有要求。作为教师，你对自己的要求要比常人更高一些。

第四，有创造。

我们幼儿园的老师在每一个空间都可以创造美好的东西，我很为他们骄傲，我们之间形成了一个个鼓舞圈、信任圈、创造圈，这就是文化。

当我们每个人都能做自己的时候，就愿意自律、有创造，因为创造意味着成就感。你会发现，这里的每个人都很美。因为我们很少思考我们的文化是什么样子的，但是我们每天都在想，我们应该成为什么样的人，每天都在践行着自己的目标。如此，我们就都成了“文化人”。

我们想用美好的东西影响孩子们，这个信念其实也是花草园的文化特质。在花草园，教师们能一直坚守在这里，是因为他们在这样的文化空间中形成了一种比较稳定的“生存情态”。教师的“生存情态”是教师的生存方式、生活智慧、生活风格、行为准则及其策略的总根源，它一旦形成，就具有相对的稳定性。种种稳定性叠加在一起，就构成了教师专业性的稳定。

笑容灿烂的老师们

文化与心灵

教育，重要的不是你的身体在做什么，而是你的心灵在做什么。

对学前教育工作者来说，教育探索无非就是两件事情。第一，我们必须要了解儿童，因为这是你的专业。第二，儿童背后的文化与哲学是我们更需要了解的。

我们如果不了解儿童是如何和这个世界互动，他们是怎么保持自己独特的节奏的，就不能说我们在进行有益的探索。

让教育回归儿童是当下儿童教育工作者一直在探讨的内容。真诚地面对这个世界，真实地面对生活，这是我的哲学，是我从儿童身上学到的哲学。

真实才是教育中最有价值的力量。当我们把儿童教育中的虚假去掉，我们的教育就成功了一大半。至真、至善、至美，才是教育的最高境界。

花草园里的《教师宣言》

选择了幼儿教师这个职业
对我们来说，弥足珍贵。
它让我们和最有生命力的你们在一起，
体会生命的美好。

我们一起生活、
一起游戏、
一起探索发现、
一起笑、
一起欢呼，
因为我们是最亲密的伙伴！

每天，迎着早晨的太阳，
我来到了你们身边。

我的衣服很柔软很干净，
因为它要接受你们的依偎。

我的指甲也被修剪得干干净净，
因为我唯恐划伤你们稚嫩的脸庞。

和你们在一起的时候，
我不想大呼小叫，
只想轻声讲话。

和你们在一起的时候，
我喜欢蹲下身子，
倾听你们内心的话语。

和你们在一起的时候，
我一直用目光注视着你们，
脸上露出欣慰的笑容。

你们睡觉的时候，
我不会大声讲话，
这是对你们的尊重。

我不会催你们吃饭、上厕所和睡觉，
因为我怕你会担心自己不够好。

如果你不小心尿湿了裤子，
不用担心，我会立即给你更换。

和你们在一起的时候，
每个人在我眼里都熠熠发光，
好像一块块的宝石。

今天，也许你有点不开心。
于是，我走到了你的身旁。
这样，或许你的感觉会好一些。

不管什么原因，你哭了。
我不想让你哭那么久，
我会马上抱住你、回应你。

你们在幼儿园发生的任何事情，
我都会和你们的爸爸妈妈分享。
因为，
他们也想和我一样感受你们的成长。

当你和小朋友发生冲突时，
我不会武断地评判谁对谁错，
只想和你们一起心平气和地想办法解决。

我不会用一根手指严肃地指着你们，
因为那样你们会紧张。

我不会威胁你们，
说出“你再……，我就……”这样的话，
因为你们会害怕。

我不会当着其他小朋友的面批评你，
因为这冒犯了你的自尊。

你们沉浸在活动中的样子，
让我找到了沉醉的感觉。

你们总是用发亮的眼睛，
带我们看生活中的美好。

你们对这个世界无限地好奇，
带动着我们想和你们一起去探索。

你们用自己的方式表达情感，
也让我们不知不觉卸下了成人的铠甲。

你们每个人在我心里，都是天使，
只是天使长着不同的模样。

每天下班的时候，
我都感觉筋疲力尽，
但双眼却闪烁着光芒。

我保证，说过的每一句话都要实现，
因为这样才能不辜负你们的信任。

这是我们自己的选择，因为我们知道，
只有和你们在一起，才能成为最好的自己！

教育的勇气

我们一直朝着"在教育中构建美好新世界"的目标而努力。在实践中不断审视、重塑着自己的儿童观、教育哲学观。在这个过程中，我们逐渐拥有了从内心深处生长出来的教育的勇气。

如何拥有教育的勇气

第一，要对教育和儿童倾注爱。如果不倾注爱，这一美好的愿望是不能实现的。爱是充满勇气的行为，爱意味着对别人负责任。

第二，用谦虚的态度进行积极的对话。人是通过命名世界来不断创造世界的，这种行为不能是一种傲慢自大的行为。教育作为那些投身于学习与行动这一共同任务的人之间的接触，如果缺乏谦虚的态度，对话关系就会破裂。

第三，对自己坚持的教育实践深信不疑。

第四，拥有希望，这是美好的教育得以实现的场域。"希望"扎根于人的不完善之中，人通过不断探索来摆脱不完善。

教育从来都不是中立的力量，同样也不是孤立的。在课程改革成为趋势的今天，忽视教师心灵能量的教育改革或课程改革是很难成功的。我们需要创造条件让教师彰显自身生命的本质，在教育中开放自己的心灵，拥有"构建美好新世界"的勇气！

每年的教师节，我们都一起度过

第五部分
同行者

第十六章

做有尊严的教育者

如果我有善意，会发现每个人身上的优势。作为管理者，我经常告诫自己，要站在他人的立场思考问题。当每一个人都能感受到管理者的真诚和善意的时候，就会渐渐回归到自我发展的道路上去。

中国人特别推崇“上善若水”。在老子笔下，水有七善，因同时兼有七善，才最终成其上善。“居善地，心善渊，与善仁，言善信，正善治，事善能，动善时。”水因时因势在变，所以，总能找到最恰当的目标与方向。水的可贵也在于，能够既无我为，又不失方向与原则。

当我面对自己的时候，也时常感慨，时间似水流年，如果我们能够安下心来，拥有流水般的心态与智慧，就能彻悟生命的来来去去。对我而言，工作和生活是生命的重要部分，但其目的不是要进入一种幸福状态里去，而是渴望通过工作，让自己对生活建立起一种哲学式的耐心和坚定。

在管理实践中，我渐渐认识到，教育是一份人影响人的工作。每个教师都能够拥有尊严，才有可能“用心灵去呼唤另一颗心灵”。但尊严不是形式上的东西，它是一种来自内心的力量，教师要做的是完成对自我的认同。

员工要获得“认同感”

真实的东西最有力量

我是一个对自己和他人保持着强烈好奇心的人，喜欢一切真实的东西。诚实对我而言，不只是对他人的尊重，也是对自己的尊重。当我能够真实地面对自己、他人、人性的时候，不仅获得了对自己更加透彻的认识，也对他人有了更全面的理解与共情。

在帮助教师完成对自我认同的过程中，我们通过专业人士对员工进行心理辅导，让每个人都能够在其中找寻真实的自我。作为管理者，我相信，真诚永远比所谓的技术或者世故来得更重要。在员工开会讨论问题的时候，谁都可以谈自己真实的感受。有个老师曾经说道，有一天上课的时候，她准备不充分，想随便糊弄一下算了，但她发现孩子们是不允许她糊弄的，提出各种各样的问题。当她在总结会上表达的时候，我很为她高兴。因为，她没有担忧，可以真诚地表达“不完美”的自己。当每个人都很真实的时候，真实会变成一种力量与气场。这股力量一旦在人们心中产生，会一路推动，自然流淌，让每个人成为更真实美好的自己。

建立起相互认同的文化环境

这里所有的人都能相互关心、相互理解、相互尊重。我对他人也有很大的尊重心，这里面有家庭的影响，也有职业的塑造。德鲁克说，每一个组织都必须信奉共同的目标和共同的价值观。没有这种承诺，也就没有组织。

在这里，没有那些岗位界限。每天，我都会热情地与幼儿园的清洁工、门卫师傅、食堂员工、老师们打招呼、聊天。这份亲和力为我建立起了一个“相遇和对话”的空间，我们之间慢慢地形成了一种真实的信任关系。在一起的交流也不再流于形式，而是滋生出一些宝贵的内在资源与力量。这让我们面对工作时，总能够相互理解，相互信任。我会经常表扬每一个有进步的人。我觉得他们每个人都是幼儿园特别重要的、不可或缺的力量。我常跟清洁工小贾说，你的工作是幼儿园的“脸面”。她一直记着我的这句话，在花草园干了十几年都没有离开，因为，她觉得这份工作里面有价值感。

老师们的围圈讨论

比提供物质保障更重要的是尊重、关心与认同

仅仅谈精神也是不够的。这些年来，我们运用自己的能力和方式，不断地改善员工的生活。年轻的教师来园，我们会为她们安排住宿或提供适当的住房补贴。教师的实际收入也要比同行多一些。多年的相处让他们对我有了很大的

信任。他们总是说，留在这里工作不是因为收入，而是收入背后的尊重、关心与认同。

我想，当每个人都感觉到自己被尊重、被需要的时候，“用心留人”的内涵才得以体现。现在留在这里工作的员工，不仅陶醉于事业带给他们的满足感和幸福感，也留恋于幼儿园带给他们的平等和关爱。

用专业品质赢得信任与尊重

教师这个职业赢得他人的尊重表面上看并不难，但得到来自他人内心深处的钦佩与赞赏却是教师需要运用专业力量来达成的。当教师能很有底气地用专业知识和家长沟通、交流时，家长对教师才会产生发自内心的尊重。

为了让教师赢得家长的尊重，我们采用了多种方式，但最有效的方式莫过于每个学期的家长学校授课。前期，我会帮助教师们完成准备，一起讨论：如何选择合适的主题？讲课的节奏怎样把握？怎样能够给家长一些操作层面的指导？……授课之后，教师们都能获得很大的满足感。当下，很多家长都是各个行业的翘楚、精英，但在参加了教师们组织的专业学习之后，他们对教师的专业水准赞赏有加。当教师用自己的专业能力、专业精神、专业品质征服家长、影响家长的时候，家长会对教师产生极大的信赖感与尊敬。

这几年，“回归与还原儿童本真生活”的课程无疑为教师展示专业化水平提供了一个更宽广的舞台。在新的课程中，他们心灵飞舞，创造性与激情迸发，让家长们叹为观止！

教师，是“文化人”

社会上很多人对幼儿教师的看法比较简单，觉得这是一个特别简单的职业。但实际上，幼儿教师应是具有很高素养的文化人。这里所说的“文化人”，不仅仅是指有文化的人，而且是指能够用文化来影响他人的人。为实现这一目标，多年来，我们一直把提高教职工的高品质文化生活作为重要的工作目标。每个学期都会组织员工去看话剧，听音乐会，同时还组织大家读书，外出学习，一起旅游。

荣格说："文化的最后成果是人格。"对于教师而言，文化质感的关键是拥有积极向上的人格特质。很多时候，人们并不真正了解自己。但我相信，如果个人化、独一无二的东西可以得到分享与表达，就有可能深入自己的内心世界，成为最好的自己。当每一个人的"本心""本性"通过各种方式袒露出来的时候，都是纯净而美好的。

我们有自己的"读书会"

当一个人的心变得纯净的时候，他们开始在能力的"枝杈"上寻找个人的优势。在幼儿园里，教师可以是好的科研工作者、好的课程指导者，也可以是好的书写者、好的生活家。没有一个横向比较机制的时候，大家都在找自己的优势来为幼儿园做贡献。我的体会是，评比是一件没有什么意义的事，它可能是在用某些人的优势来比较某些人的劣势，而评比中产生的焦虑与竞争心态并不是这个行业提倡的氛围。在这里，员工大多心境平和，他们知道自己的优势在哪里，也了解自己在某个方面的不可替代性。

我们提倡教师要向儿童学习。因为每个孩子都有一颗"本自具足"的心，他们安静而优美。当个人内在深层的自我体验与外在的真实生活自然相融的时候，那份淡定、祥和与安静就是文化。

新教师宣言

告别了青葱的大学时代，
带着对未来的憧憬，
我来到了幼儿园。

有点儿迷茫，也有点儿紧张，
但我坚信自己的选择。
和你们在一起，
品味生命的纯真。

清晨，
伴随着第一缕阳光，
我来到了你们身边，
给你们每个人献上
一个大大的拥抱。

陪伴在你们身边，
我会倾听你们每一个人的想法。
不会批评呵斥你们，
只想轻轻牵住你们的小手，
迎接每一个挑战。

我会告诉你们哪里做得好，
而不是简单的一句“你真棒”；
我守护着你们的安全，
也会鼓励你们摔倒了自己爬起来。

中午的时间到了，
我会陪你们吃饭、睡觉，
也会等着你们上厕所，
不催不嚷，不急不躁；
当你们熟睡，
我会轻声细语，
不惊扰你们的美梦。

午后，
我用轻柔的音乐唤醒你们。
待你们穿戴整齐后，
和你们继续沉浸在游戏的快乐里。

离园的时候，
我会再给你们一个拥抱，
然后笑意盈盈地看着你们一个个离开。
我努力，用心感受、记录
你们成长的每一瞬间；
也要坚持，写下每一篇观察记录和教育笔记，
慢慢地积累，
慢慢地改变。

慢慢地，
我会摒弃偏见；
放下权威；
发现这个世界的美好；
专注地做好每一件小事。

有时候我和你们一样，也会紧张。
但我对自己说：
没关系，慢慢来。

这是我第一次做你们的老师，
也会有点紧张和生疏，
但我会一直努力。

我知道，
风吹枯叶落，
落叶生肥土，
肥土丰香果。①

孜孜不倦，不紧不慢，
这才是我的目标与方向。

每年都会有新教师加入我们

① 引用自纪录片《人生果实》，导演伏原健之。

今天，迫切需要有生命深度的教师

我们这个时代迫切需要的，不是一些聪明能干的人，而是有生命深度的人。

拓宽生命的深度，解决教育中面临的问题，这些都可以在书中找到答案。今天的教育，过于强调教师的“技术化”，专注于专业知识、专业技术的发展，而忽略了教师作为人的基本人文素养的熏陶，这会导致幼儿教师精神世界的匮乏，生命的深度也就无法得到加深。

年幼的儿童，心智尚没有隔绝与天地的连接。随着年纪的增长和社会阅历的增多，人会形成一种稳定的心智，用来认知这个世界，也用来保护自己。这种心智是双面的，一方面保护了自己，另一方面也隔绝了自己和天地的连接，从而失去灵气。

如果我们洞悉其中的道理，如庄子所言“绝圣弃智”，不再依赖心智来保护自我，而是放下自我顺应天地的变化，和儿童同行，和大道同行，那么思想就留出了一个空间，“道”才能顺畅流动，从中获得能量的流动，总是有源源不断的活水。只有留出空间的人，才能保持自身的流畅性，保持新鲜活力。

我们提倡教师和儿童一起用心生活，因为这样才有可能成为拥有生命深度的教师。

和孩子一起发现

做有深度思考能力的教师

有人曾说过这样一句话：“我们在大脑中走得越远，在现实中就走得越稳。”确实，每个人的内心都有一个更高的目标，它会让我们对很多终极问题产生疑惑，持续探寻，进行深度思考。

每个学期，我都会寻找一些契机，带领老师们进行深度思考。每一次的讨论与分享，都是一次集体性的深度思考。老师们也很享受这样的思考过程。期末我们在整理资料的时候发现，很多思考已经内化成老师们工作的信条。而其中的一些内容，更是凝练成我们的教育思想和教育追求。

对教师而言，深度思考指什么？一是了解一个问题时，也要了解问题产生的过程及其背后隐藏的解决思路和原则；二是比一般人更能发现规律、趋势及其背后的一些东西；三是比一般人有更多、更深刻的自我觉知能力；四是养成思考的习惯，且具有持续性和开放性；五是渴望追寻更高的自我，拥有更加丰盈和蓬勃的人生。

在花草园，提升教师深度思考能力的学习方式有很多。除了读书、外出学习，还有我们内部每周一次的教研会、每月一次的全园会以及每周我对教师们的观察记录和教育笔记的指导。但是无论哪种形式，我都力求减少评判，将重点放在引导教师对教育问题的深度思考上。

如果幼儿教师没有深度思考能力，那么他们的很多努力就无法找到真正的方向。这种深度思考是不断地逼近教育本质问题的思考。虽然很多时候我们无法做到第一时间就触及本质，但却可以在一次次的自我追问与深度思考后越来越接近本质，直到有一天能触及本质，并将它清晰地表达出来。

做有归属感与价值感的教师

如果你让我介绍一位花草园里特别优秀的教师，我很难说出来，当教师的生命被打开时，每一位教师都是优秀教师。你会发现，在这里分不出来哪位是老教师，哪位是新教师。可能只有刚来半年的教师，你能看出来她的生涩，因为她对新的环境还不太确定。

我们每一个人在自己的家里都可以做自己的主人，把自己的家安排妥当，在这里也是这样。所以，教师们的归属感特别强。他们工作时心神合一，展现出超强的创造性！这来自什么？我想，很大一部分是因为我们的管理方式。

我们的管理层很少对教师进行结果性评价。这样的管理方式给了教师很大的自由发挥、不断试错的空间，每位教师都可以有决策权。我们对孩子要“如其所是”，对教师也是如此。人的能动性是非常强的。在这样的管理下，经过一段时间之后，教师们会找到正确的路径，他们的生命也开始向着求真、求善、求美的方向迈进。

这里的环境是真善美的，孩子们原本就是真善美的化身，这里的教师们也一直行走在真善美的路上。这三者交汇成一条“河流”。所以，在这里，会感受到一种温暖的教育气场，这是三条优美的“河流”汇集形成的教育大气场。

教师的“自我发展”之路

每个人都有积极向上的价值取向。如果能敏锐地理解他们表达的思想并按照他们的本来面目接纳他们，我发现，他们会朝着积极的、建设性的、自我实现的、成熟成长的方向发展。个体越被充分地理解和接纳，就越容易摒弃那些一直用来应付生活的假面具，就越容易朝着积极的、面向未来的方向改变。如果失去了对人的尊重，这一切都不可能发生。

我（左一）和周冉老师（左二）、赵莉莉老师（右一），她们是和我一起创业的员工

幼儿教师的专业化成长不是靠外力的驱动而实现的，更多的是基于教师的自我认识、自我领导与自我管理。园长的作用就在于帮助教师实现这三个层次的完善与超越。

这是我遇到的最好的单位

李玲芝（保育教师）

2006年，我来到了幼儿园，成为一名保育教师。幼儿园的环境很清新，幼儿园的人们很友善，大家在一起工作就像一家人，相互帮助，相互照应。之后发生的一件事情，让我觉得这里是我至今遇到的对员工最好的单位。

2010年，我生病了。幼儿园的工作是典型的“一个萝卜一个坑”，三位老师少了谁，另外的老师都要付出更多的精力。我深知这一点，因此平时很少请假。但有一次因为身体实在不舒服需要请假去医院做检查。班长听到后，马上安慰我别多想，好好做检查，班级有她们。然而，检查后却发现我的身体的确出了大问题，需要动手术，我的心里很害怕。另外，手术后需要请较长时间的假，幼儿园会批准吗？会不会把我辞掉？就算病好了，我还能回来工作吗？我怀着忐忑的心情把生病的事情向办公室的领导做了汇报。回复我的是：“您回去好好养病。”生病期间，领导时常打电话询问我的病情，让我安心调养，别着急。胡园长特别关心我，还给我找了中医大夫看病，我真的太感动了。很快我又回到了工作岗位。这里给我的不仅仅是一个“家”的温暖，还有遇到困难时的不离不弃。这是我遇到的最人性化、对员工最好的单位。

幼儿园的隐形福利

甄珍（教师）

2010年，系里一位老师向即将大学毕业的我推荐了中华女子学院附属实验幼儿园，于是，我怀着忐忑的心情拿着简历过来应聘。记得当时的面试是通过聊天的形式进行的，第二天幼儿园就通知我，可以来上班了。

就这样，我正式加入了幼儿园，成为小一班的实习教师。实习期间我感觉老师们好厉害，有那么多的奇思妙想。我也通过和孩子们一起游戏，和他们慢慢建立起了友谊。被孩子们需要的感觉真好。

转眼，新学期开始了，我成了中一班的配班老师，压力很大。那时的自己是钝化的，很多事情都处于一种懵懂状态，听不见自己的声音。开全园会时，我会很紧张地想着轮到自己要怎么说；工作中和孩子们在一起，也会想到应该如何应对；和班长配合也总怕做错事情，担心给班长带来麻烦。除了要写上课的教案，还要写每月孩子的成长月记，我经常半夜起来做这些事情。这一学期，我很想跟上大家的节奏，也想展示自己，所以我很努力，也很挣扎。

但教研给我带来了坚定的信念。胡老师说，向下回溯，才能向上发展，寻找内心的力量。这一点，恰恰是我一直在逃避的问题，不愿意去碰触的某些“洞”。回忆喷涌而出，这是一个从不接纳到反抗、最后到妥协的成长过程。我当时就给妈妈打了电话，把这些说给妈妈听。

工作的第二年，是最幸福的一年。这期间，我也看到了幼儿园的另外一种隐形文化和人文关怀。虽然刚刚毕业时幼儿园没有给我们很高的工资，但是每一年都会呈阶梯式上升，同时，还能根据大家在每个阶段中的自身情况，对工资和岗位进行适当的调整。在了解得越来越多之后，我也更加坚定地留在这里工作。

工作中，我的专业水平和职业成就感不断提升；工作之外，我成了一名户外“驴友”，徒步穿越的爱好也促使我在人际关系上由被动变为主动。心打开了，很多东西自然而然就会向着好的方向发展。这一年，幼儿园给我们提供了心理咨询的机会，还有外出学习的机会。慢慢地，我也在寻找着自己的优势，让自己的价值不断提升。我也渐渐融入了这个具有独特文化氛围的群体，不断打开自己，身体和心理都慢慢放松下来，能够看到自己，也能听到他人了。

幼儿园通过这样一些隐性的管理方式，让我不断去探寻自己，那个“洞”虽然还在，但是我已经不再惧怕它、躲避它，取而代之的是接纳和内心平静。

一个接纳的拥抱

王玉洁（教师）

我在带中班的时候，园里开始了新课程的探索。说实话，我并没有感觉到有太大的变化，但是随着新课程的深入，我却感觉到了困难。比如艺术月，该教给孩子什么？中班年龄段的孩子该感知什么？这些都是必须弄清楚的。而艺术底子并不强的我会经常犯怵。有次，我组织了“石头画”的活动，虽然得到了大家的肯定，但我自己并不知道活动好在哪里。两方面的矛盾让我有些难受，感觉工作不是很顺畅。

半日开放的集体教育活动，有几个孩子的表现特别出乎我的意料，有的孩子在地上打滚儿，自己跑到一边闹，出现了一些平时没有出现过的情况，而我进行劝阻也没有效果，加之自己本身对活动的理解不到位，自己觉得活动组织得很失败。在之后的家长学校活动中，进行到一半我就感觉进行不下去了，很是尴尬。

中午开会，园长询问了半日开放活动的情况。我说到自己的挫败感时感觉特别难受、委屈，流下了眼泪。没想到，园长走过来拥抱了我。她说：“没关系，像孩子们一样，你们的成长也是螺旋式的。”在幼儿园工作五年多的时间里，越来越感受到这个组织的有序、宽容和接纳。在这里，每个人都可以在工作中成为自己，按自己的节奏更高效地工作。这样的集体，怎能不让人喜欢呢？！

你知道吗？我一直在等你

张蕾（教师）

走进幼儿园的第一印象就是“好素净啊”，和以前实习过的幼儿园那些花花绿绿的墙饰形成鲜明对比。当天胡老师亲自给我们面试（大学的时候上过胡老师的管理课，印象很深）。来了很多同学，胡老师带着我们坐成了一圈。说实话，我有些紧张，因为大家都没有什么社会经验，在我的想象中，幼儿园的面试就是唱歌跳舞、说课讲课，但胡老师没有考核我们的技艺，而是像拉家常一样聊起天来。后来我注意到，虽然是不经意的聊天，但是胡老师几乎把每一个同学的大概情况都了解了一遍。面试结束后，胡老师告诉我们结果，想来的同学都能来。当时觉得不可思议，没有别的筛选条件？

十几个同学都可以在这里直接工作了？直到现在我才明白，在这里，时间会把正确的人留下来……刚来的时候我干了三个月的保育员工作，这段时间对我心性的磨炼很直接，也很重要。

过了暑假，我正式开始在新托班当起了配班老师，看着哇哇哭的孩子们，根本就不知道怎样和他们沟通，上学时的那些知识又还原成了文字，完全没有用武之地。就这样手忙脚乱地过了一个学期，我和孩子们一起逐渐适应了幼儿园的生活。新年到了，幼儿园里到处洋溢着香甜的味道。一上午热闹的游园活动后，孩子们收到了新年礼物。回到班里，他们迫不及待地拆开包装："哇，我们的礼物都是书啊！""我的书是《海洋探秘》，里面有我最喜欢的大白鲨。""咱俩的书里都有公主，我们交换看吧！"孩子们觉得很有趣：为什么大家收到的是相同的礼物呢？但和以往相比，他们的脸上没有狂喜或者失落。我提议："既然我们收到的礼物都是图书，那咱们就建一个小图书馆吧！"

胡老师对我的这个想法非常赞赏，她并没有因为我是一个新教师而吝啬自己的赞美。她让其他班级的老师也可以借鉴我的做法。后来，胡老师的一句话让我印象深刻。她说："你知道吗？我一直在等你，终于看到了你的变化！"

第十七章

每个人都能做非凡之事

相信，就能看见；而不是看见，才去相信！

幼儿园肩负着很多任务。一方面，要照顾好儿童一日的生活、饮食起居；另一方面，还肩负着教育的重任。从这一意义来讲，幼儿园比小学、中学甚至大学承载的东西要更多。这样的性质也给幼儿园工作带来了不同的层面。幼儿园的饮食管理、生活管理、教育管理、后勤管理、保健管理、教师管理，每个方面都有自己的系统与规律，这些系统又服从于幼儿园管理的大系统。管理水平的高低直接对儿童的生活、学习产生影响。

老子曰: 天下难事，必作于易; 天下大事，必作于细。一个幼儿园，系统庞杂，如果仅仅靠管理者监督，很多细枝末节的地方是无法实现既定目标的。只有让这里的每个人能够实现“自我管理”，目标才能实现。

成为“有态度”的幼儿园

作为一个理想主义者，这所幼儿园寄托着我的全部理想。我有个信念，工作要讲求高效、精准、极致。这些目标的设立给我自己和员工都提出了挑战。

年轻教师来到这里，要马上进入学习状态。这里面的学习不仅是专业上的学习，更重要的是心灵的成长。

幼儿园的发展一直在和时代同步前行。当互联网时代到来的时候，幼儿园刚刚兴建，我们就同步建立了博客（Blog）来宣传教育理念。之后，幼儿园有了自己的网络论坛，我们每天在上面讨论教育、管理、服务，也让更多的人认识了我们。2011 年，我们开始使用社交网站，每个人都拥有自己的网络独立空间，更深入地讨论教育问题。这几年，当人们的阅读习惯发生改变的时候，我们也及时调整，开始使用手机客户端，我们制作的微信公众号，被很多同行视为范本。这一切，对一个没有任何技术人员的幼儿园来讲是一个极大的挑战。我们不仅做到了，还将这些努力做到最好。前几年，幼儿园出版的高质量图书都是依靠网络不断积累才得以完成的。

幼儿园的每一件事情都能做到专业、大气。无论是去中央电视台演出原创的园歌，还是策划一场精彩绝伦的毕业典礼，抑或是在专业领域，编写出《〈3 ~ 6 岁儿童学习与发展指南〉家长宣传册》，或者代表联合国儿童基金会与教育部

《〈3～6岁儿童学习与发展指南〉家长宣传册》

编制学前教育宣传月的微信推送，每一项工作都能高质量地完成。

很多人称赞我们，每天要做那么多的工作，除了正常教育教学工作，教师们还要做课程研究，完成每天的“微信推送”，制作视频资料，和家长沟通，等等，但大家从不厌烦、乐在其中。每当一个大型活动来临，这里的每个人都能够找到自己的位置。教师们有做策划的，有具体实施的，有负责文案撰写的。大家都知道自己能干什么，适合干什么。

在我心中，每个人都是不平凡的，只要有机会和条件，都能实现超越。而他们，也在我的期待中，完成了一个又一个突破与挑战。

挖掘优势

发现每个人的优势

人人都有自己的优势，这里所指的“优势”并不是指优点，而是指个体的潜能。20世纪80年代，美国哈佛大学学者加德纳提出了多元智能理论。这一理论告诉我们，每个人都有自己的优势智能，重要的是发现它们，寻找优势，用优势带动发展。这一理论曾带给我许多思考和启发。

教师出身的我，非常喜欢观察和研究学生。我发现，教师们个性不同，所表现出的优势也不尽相同。从小到大，我都是一个喜欢表达的人。和别人相处时，总能找出别人的优点并告诉他。跟员工们在一起时，每次开会，我都愿意指出，谁在哪个地方做得好。有人曾告诉我：“胡老师，您告诉我之前，我没有发现自己这方面的优势。当您说过之后，仔细想想，自己确实是有这方面的优势。”

我常常跟老师们讲：“你有什么劣势我不关注，我关注的是你有什么优势。”优势是多样的，有技能优势、性格优势、学习优势……每一个人都有自己的优势。一个机构并不需要很多同样的人。人的发展越多样，就越有生命力。我很注重教师们的差异化发展。每个人都在找自己最有优势的地方，而不是总在关注自己不足的时候，在成长的道路上也会迈出很大的一步。我的助手赵莉莉刚开始工作的时候，性格急躁，当一个老师也许并不适合，但她有一个很大的优势，就是做任何事情都尽职尽责，我想，也许她可以成为我的助手。没想到，这一做就是十几年。这个成长的过程并不是一帆风顺的，但她的个性与悟性让她不断思考、学习，最终完成了人格上的突破。现在，她成了幼儿园管理中不可或缺的力量。她的存在，不仅让幼儿园的管理更规范、有序，还弥补了我个性上的不足。

李文老师开始工作时，总是找不到感觉。我发现她特别喜欢读书，文笔也非常优美。我就让她写好教育笔记，之后和大家一起分享。后来她发现，原来在读书中的思考是可以迁移到工作中的，这让她很兴奋。慢慢地，这份能力也成就了她的工作，她喜欢思考儿童、研究儿童，也成了优秀教师。

我（中间）和王海霞老师（左一）、李文老师（右一）。
她们是幼儿园的员工，也曾是我的学生

优势，是每个人在幼儿园工作的立身之本。很多时候年轻人入职时并不知道自己的优势在哪里。古人云：“千里马常有，而伯乐不常有。”我常常问自己，我能成为伯乐吗？我愿意成为伯乐吗？成为伯乐是需要很大的心量的。每到学期末，我会在心里对员工进行评估：哪些人是发展特别快的？哪些人是稳步前行的？哪些人还没有找到自己的优势？我需要给他们哪些具体指导和帮助？

曾经有一位老师坦言，自己不爱看书，也感觉自己没什么灵性。怎么让她能够成为一名有优势的教师呢？我观察到，新生入园时，孩子们在哭，她会轻轻地给每个孩子擦眼泪。看到那一幕我非常感动。我告诉她，你每天给孩子擦眼泪，温暖地拥抱他们，是对他们最大的安慰。你有耐心，适合和小年龄班的孩子一起生活。她听完眼睛一亮。之后，她学习的热情也高涨起来，经常与我交流教学中的新尝试。渐渐地，她成了幼儿园有特色的教师。耐心、细致、温柔成为她鲜明的特色，赢得了家长的尊重和孩子们的喜爱。除了每个学期的评估，每个月我们都要召开全园会。全园会像是一个敞开心扉的交流大会。当一个人因为一件事受到表扬，他会意识到自己的价值，让自己的工作变得更加积极主动，成为一个拥有积极能量的人。

作为一个管理者，最重要的是要有一颗善意的、愿意成就他人的心，一颗不偏不倚的心，一颗视工作比个人感受更重要的心。现实中，不是所有的人都能够跟领导合拍，也不是所有人都能在你的影响下有所改变。但是，当你把工作利益看得比个人感受更重要的时候，便能够放下很多东西。

运用与创造优势完成工作

我发现一位保育教师特别擅长养花，花草只要到了她那里就会变得生机勃勃。我有意识地让她跟老师们分享自己养花的心得和经验，她特别开心，因为她没想到，自己的这些爱好也能为幼儿园做贡献。

幼儿园的食堂工作繁杂，分工细致，有大厨师、面点师，也有杂工。但杂工这个岗位是最不好招人的。杂工没有技术难度，天天干的都是重复的活儿。我想了一个办法，让幼儿园的杂工每天早晨来园负责菜品验收记录。我们一起设计了工作流程，她看到我对她的信赖和尊重后，每天干劲十足，把验货这项工作做得准确、细致。之后，她并没有满足，又去学了

食堂师傅在给孩子们做饭的过程中找到了幸福感

烘焙技艺，为孩子们制作小点心。现在，她很安心，感觉自己成了不可替代的人。

当一个人在工作中找到自己的价值后，就能感觉到工作的重要意义。幼儿园里每一个人都有自己的"生态位"，不在同一个层面竞争角逐，每一个人都能找到自己的价值。我想，这才叫细节管理吧！

管理教师是关键

教师是幼儿园最宝贵的财富。对教师来说，发现他们的能力并不是一件难事。但现在的年轻人通常很有个性，能力时常会被"个性"淹没。因此，管理者需要花费工夫帮助他们"明心见性"。我接触过的幼儿教师，大致分为几类。

第一类，有灵性的教师。他们和孩子相处时，你会觉得那么和谐、自然。他们爱学习，有直觉，对工作有热情。但这样的教师是可遇而不可求的。这类教师通常不仅能够很快适应工作，在工作中也喜欢挑战。我对这样的教师有更高的要求，希望他们能够成为智慧型教师、专家型教师。我通常采用两种方式。一是引导他们向更深的方向思考，思考每一个直觉背后的东西，在直觉的基础上，产生更多理性的认识。同时也能渐渐意识到，学无止境，自己仍需花费更多的精力去探索儿童世界里无限的奥秘。在这个过程中，他们也会逐渐体会到工作的意义和价值，视野也会因此而变得更加宽阔。二是引导他们学会倾听。幼儿园每周的教研会，每个人都会分享自己的感受。我建议这样的教师要学会用心聆听，不要总是沉浸在自己骄傲的气场里。渐渐地，他们会发现，每一个真实的表达都是动人的。他们也会变得谦逊起来，寻找新的工作动力与方向。

第二类，稳健、踏实型教师。这样的教师，工作总是能够维持在一个常态标准上，无论何时都表现稳定。他们心性温和，也不好高骛远，对儿童和家长有善意。他们工作有态度，有责任，有恒心。在幼儿园里，这样的教师更容易稳定下来，教师稳定是一个园所最大的优势。但这类教师的问题是，创新与应变能力相对较弱。我的要求是，要看到自己的优势，不要总是和那些"优秀"教师去比较。我通常会在一些关键时刻，帮助他们完成一两次超越，让他们体会到凭借个人的特性一样能够获得稳定与发展。他们还有一个优势，虽然创造力不强，但一旦有过成功的体验，便能够模仿、复制、迁移。当然，我希望这类教师在幼儿园的比例更大一些，因为，这样的教师会使幼儿园教育呈现出应有的厚度和稳定感。

朝气蓬勃的年轻教师

第三类，有特色的教师。他们有优势，比如擅长写作，擅长研究，或者擅长人际交流。乍一看，这些优势与工作没有直接的关系。但如果管理者能够帮助他们把已有优势运用到工作中，他们就能够迎来突飞猛进的成长。擅长写作的教师心思细腻，善于观察，能够很好地用文字表达自我。我会建议她用更多的书面表达方式与家长沟通，确立自己的风格。善于研究的教师，一开始会感觉到自己不太具有幼儿教师的素质，如不善于沟通、不善于组织活动等。我会安排她跟有优势的教师搭班，在工作中做一些小科研。这样既能获得丰富的带班经验，也能发挥自己的优势，与合作者优势互补，相得益彰。有的教师擅长手工，在区域活动中，我会建议她负责一个区域，和其他教师、孩子一起做剪纸、做丝袜花，发挥自己的优势，逐步找到自己的职业锚。

第四类，需要帮助的教师。有一类教师，优势不突出，在别人看来，也许根本不适合做幼儿教师。但我也会认真观察，帮助他们寻找优势。比如，诚实善良、乐于助人。他们也可以利用自己的优势做出对幼儿园有价值的事情。幼儿园教育本身也有服务的功能，对家长而言，他们也不只接受单一风格的教师。我坚信，每个人只要找到自己最真诚的东西，都能很好地完成工作，服务好家长。

我确信：相信，就能看见；而不是看见，才去相信！我把这一管理理念称为“优势管理法则”。每个人都有自己的优势，当一个人用自己的优势工作时，会看到自己生命内在的力量，让自己变得更蓬勃，更有主动发展的愿望。

当这里的每个人都展示出自己最真诚的品质的时候，人心的力量开始出现。正如德鲁克大师所言：帮助每个生命彰显爱的才能，才是伟大的管理。管理者的任务不是“管理”人，而是引导人。人员管理的目标是让每个人的长处和知识发挥作用。①这样的管理不仅将管理意识输送到了幼儿园的每一个地方，也为机构带来了稳定与安宁。这里的每个人工作都有动力、有热情，对工作有贡献，享受工作之乐趣。从上到下，从内到外，你会看到，每个人脸上都洋溢着自信的笑容，这笑容是从他们心底里长出来的。

我们都有自信的笑容

每个幼儿教师都有可能成为“庶民教育家”

一线实践的教师可以被称为“教育家”吗？杰罗姆·布鲁纳在《有意义的行为》一书中提道：“任何一位教师的教学行为都被一套有关‘儿童心灵是什么以及如何教他们’的庶民观念驱使，虽然教师们可能无法言说出那套教育原则。”但是，“每个人都是‘庶民教育家’。”我想，真正的教育家只能产生在真实的实践场域之中。一个不和教育对象互动的人，是不可能成为真正的教育家的。

我总跟老师们说，必须摒弃曾经学过的那些知识，从现在开始，相信自己的力量和直觉。从那个时候开始，他们就变成了教育的创造者。当他们能够做到这一点的时候，他们就变成了真正意义上的研究者。他们研究的都是身边真实出现的问题。他们在研究这些真实的问题的时候，就变成了知识的创造者，

① [美] 彼得·德鲁克：《管理（上册）》，83页，辛弘译，北京，机械工业出版社，2009。

同时也是在创造一种生活。

作为大学老师，我也一直在反思：大学教育应该教给学生们什么？我从来不觉得教知识是最重要的，我认为更重要的是教给他们一种思考问题的方式、一种情怀、一种格局、一种境界。我觉得，这是需要大学教育转型的地方。在幼儿教师培养的过程中，我特别真切地感受到了这一点。我希望所有专业的知识都来自他们自己内心的创造。

特别有趣的是，当老师们这样做的时候，每个人都是“教育家”。他们能够写出一些研究者写不出的打动人心的教育笔记，设计一些别人无法设计出的教育活动，进行了不起的创造。这里的每位教师都是他自己知识的创造者。

幼儿园是一个共同体，是有文化基底的，但是教师的成长路径完全是他们自己的，千人千面。他们就是布鲁纳笔下的“庶民教育家”。每个人对课程、儿童、教育、教学都有自己的看法，有一套自己的理论。而且，他们的“黑匣子”是我们无法真正触摸到的，只能找到一些共性的东西来表达。但是，就内部而言，他们是流动的，所以你会发现老师们的智慧如同源泉，不断地喷薄而出。

工作中的老师和快乐的孩子们

工作，让每个人成了“非凡之人”

在幼儿园工作的教师，如果你想看到自己的存在感，你就能在工作中找到自己的存在感；如果你想看到自己的价值，你可以在工作中体现出自己的价值；如果你有更高的追求，你可以寻找意义感。当然，每个人最终都会跨越存在感，奔向价值感和意义感。之后，每个人都成了非凡之人。

德鲁克说过：组织的目的是要让平凡的人能够做出不平凡的事。组织是发挥成员长处，同时让他们的弱点变得无关紧要的一种手段。没有哪个组织能够依赖于天才，因为天才总是罕见，供应是不稳定的。① 任何组织都不可能找到足够多的“优秀人才”。一个组织唯一能够做的是，使现有的人们发挥出更多的能力。让凡人做非凡之事才是管理的魅力所在。

任何值得去的地方都没有捷径

赵莉莉（副园长）

最初来幼儿园，我总找不到自己的位置，技能技巧不出众，也不特别善于沟通，面对孩子更是手足无措。当胡老师问到“谁办公自动化还不错”时，我看到了自己有价值的地方。从开园初期的联络员、资料管理员，到库房管理员、后勤管理员，再到园长助理……我的心中一直有一个信念：幼儿园就像我的“家”一样，为了它能更好，我要不断努力。

我执拗、认死理儿的“毛病”一直都有。我负责后勤管理的时候，领取物品数量必须清楚，绝不能浪费。有的时候，老师想多领点材料回去，我会详细追问：干什么用？真的有必要领那么多吗？虽然确保了幼儿园物品能够物尽其用，但是大家也会觉得我有些矫情。我的缺点，

① [美] 彼得·德鲁克：《管理（上册）》，49 页，辛弘译，北京，机械工业出版社，2009。

太过执着，又爱面子，加上自己的自卑心理，别人不能提出问题，否则，我会因为这个特别愤怒。好几个人回忆过去时都说："当时，特别怕你，经常不知道为什么你就生气了！"

有一次，因为和财务老师意见不合，我摔门而去。因为这件事，胡老师严肃批评了我。作为一个人，尊重他人是基本的原则。工作中有再多的不一致，但是对人尊重是基本的要求。做不好"人"，任何工作都做不好。这件事情对我触动很大。她告诉我："任何时候心中都要长存感恩之心。要寻找生活本来的目的。一定要找到让自己平静的方法，要学会站在他人角度思考问题，就能理解他人。当遇到问题的时候，自己要改变，而不是期待他人改变……"

2009 年，已经工作了 5 年的我有些迷茫，没有一线教学经验，面对老师们的时候，我觉得自己跟她们差了很多。我一直在行政工作岗位，即使每周有一天进班实践，还是觉得自己很没底气。我向胡老师请教，是否能继续读书丰富自己。胡老师表态说："你们继续学习，幼儿园会全力支持，幼儿园会制定一个鼓励参与继续教育的制度，求学期间请假都不算假，为考上的老师报销部分学费。"就这样，2009 年夏天，我考入了首都师范大学学前教育学院，成为教育管理专业的在职研究生。

最初的学习可以用艰苦来形容。每周五、周六、周日都需要前往首都师范大学学习。周五是工作日，我心里总感觉是耽误了工作来上课。胡老师得知后，对我说："你这么想就不对，你学习是为了更好地工作。所以，工作的时候工作，学习的时候学习。不要学习的时候还想着工作。我建议你，周五即使早放学也不用回幼儿园。安下心来，思考学习，做事的时候完全投入，才能事半功倍。身在曹营心在汉，我不赞成。"

经过两年的学习，我完成了所有面授课程，进入了最后的撰写毕业论文阶段。2013 年暑假，在导师、胡老师和各位同事的帮助下，我完成了论文答辩，拿到了期待已久的硕士学位。

我报考之后的两年，幼儿园又有两位同事报考了首都师范大学教育专业的在职研究生。回首过往，我只想说：任何值得去的地方都没有捷径……

这几年，我长出了翅膀

王海霞（保教主任）

刚入职的时候，我觉得自己在学校的学习成绩不错，工作肯定也能应对自如，可真干起来，却有些“力不从心”，挫败感一度令我丧失信心。2009年，新学期开学后，胡老师在园里做了一次“教师工作困难度”的调查。调查结束，她将问卷交给我，让我对问卷做出统计。

拿到问卷后，我用一款统计软件对问卷进行了分析，将统计出的数据写成简单的报告呈送给胡老师，并对她说明了统计方法和我想到的一些问题。比如，教师们认为完成文字案头工作相对容易，大部分教师认为最难完成的是接待一位“问题”家长，特别是新教师。其实，对我来说，家长问题也是最令人头疼的问题，特别担心自己和家长沟通时，因为一句话不对，产生更多的问题，有时候为了避免这样的情况发生，干脆就不和家长做深入的沟通。而通过这次调查结果的统计分享，我发现，不光是我对家长工作有些畏首畏尾，大部分老师也面临这样的问题。这让我在家长工作方面的不自信减少了许多。

这件事情后，我开始参与一些科研方面的工作，对我来说这是极大的鼓励与肯定。我时常想，像我这样没有什么特长，在教学上也步履蹒跚的老师，自己都不知道自己的优势和价值在哪里，而胡老师总是相信我们，总能发现我们的潜在优势，然后“不动声色”地给我们机会，让我们把自己哪怕是很小的优势都尽可能地发挥出来。

之后，我顺利考取了首都师范大学的学前教育专业研究生。园里还多次派我外出学习，我的科研能力、教学能力在不断积累的过程中都获得了很大的提升。

我也有个大大的梦想……

张芬（教师）

每天晚上，当我熟睡进入梦乡，时常会梦见自己长大的模样，是成为作家、翻译家，还是舞蹈家，抑或是糖果小卖部的老板？……各种各样的梦想中，唯独没有梦见长大的自己有一天会执笔填词创作幼儿园的园歌。

创作是一件需要从自己的脑子里憋出整个“宇宙”的事情。没有思绪是一件痛苦的事情，思绪万千也是一件痛苦的事情。在这种纠结的状态下只好先放空自己。当我沉淀思绪的时候，在脑海里蹦出的第一个画面就是，夏天的晚上我躺在自己家的院子里，抬头看见繁星在群山上眨眼睛的场景。浩瀚的宇宙，人是很渺小的，只有一个东西可以让人触摸到宇宙中的星星，那就是给我们无穷力量、无限想象的梦想，于是就确定了“梦想与星空”的主题。

我问孩子们：“你们的梦想是什么？你们心中的自己，长大后会是什么模样呢？”有的孩子说：“我的梦想就是飞！”有的孩子说：“我长大后会成为一名开火车的司机！”还有的孩子说：“我的梦想就是成为一名警察，可以去抓坏人，保护你们。”……每个人都拥有大大的梦想，每个人都拥有梦想的权利。

但是实现梦想的路上会遇到很多苦难，有很多人还没有能够坚持到梦想实现的那一刻，就放弃了自己的梦想。如果在追梦的途中，有人对我说，“只要你想就能成为你想要的模样”；在我想放弃的时候，有人告诉我，“自己的梦想一定要坚持，即使遇到再大的困难也不放弃”；有人鼓励我，“成为你自己，我们在一起，按自己的节奏呼吸与思考”，那该是一件多么幸福的事情呀！

怀着这样的想法，我完成了《大大的梦想》的歌词创作，并请作曲家陈树老师谱曲，请一位家长完成了编曲。至此，一首由中华女子学院附属实验幼儿园原创的《大大的梦想》新鲜出炉了。

当很多人都为之付出努力的《大大的梦想》作为“园歌”，被孩子们、被爸爸妈妈们唱出来的时候，我心中涌出的是无限的满足感和自豪感！

我是课程的贡献者

李虎生（厨师）

在幼儿园，我是一名厨师。全园孩子的伙食、每日三餐两点，都是由我们食堂的师傅们精心制作完成的。我们总在菜品上做一些创新，让孩子们吃得更健康。

但我不只是一个厨师，我也参与幼儿园的各种活动。“六一”活动，我用西瓜雕了一个机器猫，孩子们都特别喜欢，很多小朋友、老师还和这个机器猫大西瓜合影。看到自己的作品得到大家的喜爱，心里别提多开心了。

2015年的“六一”游园会以“西游记”为主题，将幼儿园变成花果山、水帘洞、龙宫等，孩子们在里面欢畅游戏。我也想参与其中，于是就和其他老师商量，准备了一身装扮，摇身一变成了太上老君。太上老君制作的是“仙丹”——肉丸子。游园会一开始，我的“仙丹”就得到了孩子们的喜爱。

参与幼儿园的活动多了，孩子们和我就特别熟悉。小班的孩子需要纸箱做东西，我就将平时干净的纸箱留给他们用。我看到自己也可以为孩子们做一些事情，参与到课程中去的时候，心里总是美滋滋的。

第十八章

当工作变成信仰

有人评价：这是一个多么神奇的地方。在这里，所有的美好每天都在发生，所有的美好每天都能看见……

有一种价值叫“超道德价值”

当教师们借由工作实现了自我超越，他们开始寻找工作的深层意义，也能越发体会到，自我超越的过程也是在寻找自己值得去做的事情的过程中实现的。

每个人来到这个世界都在寻找。寻找的是什么，寻找的是个体存在的意义和生命的价值感。很多时候，这种价值感无法自我命名。

不是所有的工作都能让人在成长中看到生命的价值。幼儿教育工作是要用自己的生命去影响另一个生命。当教师们在工作中能够慢慢看到儿童的美好，看到工作的美好，看到生命的美好，这种价值感会不断固化下来。当生命开始寻找意义的时候，有一个东西出现，它完全超越了道德本身。这种高于道德的价值被称为“超道德价值”。这种体验让员工们不再停留在赞赏与被肯定的层面思考工作意义，他们内心开始对工作有了一种尊敬、一种责任，对工作意义与价值的追求也上升到了信仰层面。

精神求索之路

正当我努力思考的时候，我突然病倒了。我的病不是身体的痛苦，而是精神上不可名状的一种痛苦。我开始寻求治疗和解决方案，但这些方案似乎都没有起到太大的作用。于是我试着用自己的理解方式解救自己。

向下追溯，探寻童年成长中的问题

我请专业咨询师帮我做精神分析，期待看到过往的生活和童年是如何影响我现在的生活与判断的。当向下追寻一段时间后，我发现，一些问题变得清晰了，问题似乎也找到了，但该怎样面对问题，怎样处理它们，依然困扰着我。

在信仰层面寻找力量

有一段时间，我每天都在思考人生的意义，但却没有明确的答案。于是，我开始试着做一些内观与禅修，当一种更高阶的哲学思想出现的时候，很多问题都有了答案。这段经历带给我的最大收获是：当一个人有信仰时，能够站在一个新的高度解读生命状态和意义，内心不再纠结，开始寻找生命中更积极的意义与方向。

在工作中寻找信仰

用心灵完成工作

我和大家分享了感受。我忽然意识到，如果我能够引导员工将工作变成信仰，将会发生什么呢？我该如何引导员工站在更高的意义上看待这份平凡的工作呢？

坦率地说，做幼儿教师是一份很辛苦的工作。每天需要保持高度的警觉性。教师和孩子们在一起时，要保持一个基本状态。现在的家庭对孩子的关注也使得幼儿园教师与家长的沟通变得困难。幼儿教师确实是一个很容易产生职业倦怠的职业。高压力、高风险、高责任、高付出，稍有不慎，就会一损俱损。在很多幼儿园里，教师做几年就会选择离开，因为身体和精神的高度紧张，使得他们无法长期从事这份工作。

有没有一种方式可以让这份工作变得轻松一些？我在做内观与禅修的时候，一个最大的体悟是，人的潜能是无限的。这个潜能不是指大脑的潜能，而是指心灵的力量。大脑和心灵分担着不同的功能，当我们太依赖大脑的时候，就会忽略心灵的力量。只有用心灵工作，人才会感受到工作的愉悦感，身体的潜能才会被激发。

很多时候，我们是在用脑子工作，而大脑里负责情绪的东西会让我们时常产生厌烦、疲倦之感。但当用心灵工作时，会感觉自身像是携带了一个小宇宙，工作让人的身心充满愉悦，而这种愉悦能够化成一股强大的能量。认识到这一点，对我的工作方式产生了很大的影响。我学着放弃一些思考与担忧，专心地让自己活在当下。

读书的时候，我学习过王阳明的思想。在这几年内观的过程中，我开始尝试着用传统文化来建构自己的思想体系。王阳明的“明心见性”思想给了我很大的启发。当我们能够学会用“格物”的心态来面对事物时，就会静下来、定下来。“戒、定、慧”是佛家特别强调的状态，只要把心收回来，安静地定在一件事情上，就能生慧。工作也是这样，当我们把一些外在的虚妄去掉后，就一定能够看到内心，回到自己的“本心”“本性”的时候，就能安下心来，专心专意、心无旁骛地工作。于是，我提出了一个口号：每个人都要学会用心灵工作。

用心灵工作是一种什么样的感觉呢？就如同我要开一个全园大会，并没有花很大的气力来做准备，我只想敞开心扉真诚地和大家交流，将感觉放在当下，这就是用心灵工作。用脑会很快感到疲倦，当我们的心灵相遇的时候，会感受到一种能量的注入，感觉自己非常有活力。

自体心理学家科胡特提出，心理健康的标准是自信和热情。活力滋养自身，就是自信；活力能流向客体，就是热情。他说的活力，我认为可以理解为人性化的动力。可以说，那些工作中满怀热情的人，是能将他们的动力灌注在工作上的人。很多人虽然也在积极工作，但常常是在用套路工作。他们只是在用头脑工作，不是用真实的动力。

和孩子们一起，用心灵生活

向儿童学习

当然，学会用心灵工作不是一件容易的事情，需要很强的自我觉察。

从哲学的意义上来讲，儿童的整体生活、游戏和对世界及自己的思考是紧密结合在一起的，哲学上称之为“混沌之美”。成人只有在进行哲学思考时才能回到本源，用经验重构对世界的认知。儿童则无时无刻不在体现着思考与学习的整体性和完整性。因此，儿童教育需要放弃对确定性、精确性与工具性的执着，转而追求一种整体性。而这种对整体性的追求，就是在追求一种心灵的力量。

如果你从未感受过心灵的力量，甚至因此质疑心灵的存在，就需要放下骄傲的头脑，重新向儿童学习！

儿童就是用心灵来生活的，所以他们每天都能保持积极、愉悦的状态。儿童心性纯净，这是他们快乐的源泉所在。其实，每一个人的“本心”“本性”都是求真、向善、崇美的。我想，如果我们都能够用“本心”“本性”来对应儿童的“本心”“本性”，这个工作就实现了一个完美的对接，教师的职业倦怠也一定会得到很好的缓解。

为了帮助教师寻找到自己的“本心”“本性”，我想了很多办法，从工作入手是最好的方法。如果在工作中，教师看到了儿童的“本心”“本性”，体会到了其中的那些纯真和美好，儿童美好的心灵会自然激荡教师的心灵，教师心灵上的“污垢”会渐渐被扫空，开始学习用一颗纯洁的心和儿童呼应起来。

对于教师们来说，这个过程不是一蹴而就的，有两个关键点特别值得记录。

“畅游日”的开设

如果成人总是用自己认为正确的方式来和儿童交流，肯定会疲劳，因为没有一个孩子能够完全按照你的想法去学习、去生活。我们能不能放下身段，来看儿童是怎么学习的？如果我们用另一种方式帮助他们成长，有没有可能性？我们开始尝试，在周五为儿童创造自由自在的“畅游日”活动。我们发现，儿童其实有自己对世界的认识和看法，他们喜欢按自己的方式学习和游戏。这种充沛的、带有能量感的学习方式也能映照出成人世界的无趣！

当教师和孩子们度过一个又一个“畅游日”的时候，教师发现，儿童弱小的身体下面竟然隐藏着巨大的能量和蓬勃的心灵。他们无所不能，心灵能够到任何想去的地方。“畅游日”里，当教师和孩子们一起体会到了儿童真正的学习是什么的时候，教师也迎来了一次次心灵的洗礼。

儿童做任何事情都是如此，他们做心中所想，而非眼中所见。他们情感驰骋，随心所欲，“万物皆备于我”的大情怀让他们无所不能。“畅游日”刚开设的时候，有个老师分享道：今天孩子们太开心了，一个孩子说，“我今天开心到想流泪”。当时，老师在分享这句话的时候也哽咽了。

人人都爱的“畅游日”

倾听儿童、记录儿童、成全儿童、成就儿童

我们终于迎来了工作中的一种新境界。记得当时我说了一句话："有的人，一生都不能完成一次超越，而我们借由和儿童在一起，轻松看到了生命中最美的瞬间，难道我们不该感恩儿童及这份工作吗？"

回过头来看，我觉得，"畅游日"对教师儿童观的改变是潜移默化的。慢慢地，很多教师内心的壁垒开始逐渐松动，他们试着走进儿童的内心，用心灵和孩子们呼应。有趣的是，他们这样做的时候，反而感觉工作是一件特别轻松愉快而又有意义的事。

倾听与记录儿童的语言

儿童世界有那么多的美好，如果我们不注意倾听就会稍纵即逝，我们要捕捉它，把美好的瞬间留下来。我要求教师尽可能记录儿童的所思所想。我们增加了很多设备，不仅有照相机，还有录音笔，就是想让教师来倾听儿童，走进儿童的内心世界，看儿童的思想是如何驰骋的。我确信，每一个儿童都是有信仰的！他们信生活，信当下，信善意，信美好。

这些"记录"给教师带来的冲击也是非常大的。他们发现，成人世界经常困扰自己的问题，在儿童世界里根本就不是问题。儿童驰骋在世界上，靠的就是纯净的心灵。所以，记录这个方式，到目前为止还保留着，也成为新教师培养的关键能力。新教师即使什么都不会做，也要学会听儿童说。听他们说不是为了"听他们说"，而是为了让自己的心变得安静、纯净。

我们要向儿童学习什么

儿童有自己的哲学

儿童有自己的哲学，这是当下众多学者研究与倡导的观点。在实践中，我们发现，儿童非常豁达，而成人总是有对错观，有很大的“我执”。成人的世界为什么总有那么多的焦虑和不安？因为这一生，我们通过受教育总认为自己可以影响世界，可以创造世界，这是成人的“我执”和“自恋”。成人头脑中有很多的信念，但“信念”越多，生活得越焦虑。而儿童心中却没有那么多的缠绕，没有“绝对”的观念，所以，他们总是能够蓬勃地活在当下。

儿童是人类精神世界的典范。他们天性中的真善美一直引导着他们的生活。他们拥有的是一种原始但充满诗意的逻辑系统，在成人眼中幼稚、不严谨，但却是自洽的、动人的、浪漫的、有意义的。

特别喜欢马修·李普曼（Matthew Lipman）的一段话：“同所有人一样，儿童也渴望自己的一生充满丰富多彩、意义重大的经历。他们不仅仅希望能拥有和分享，还希望有意义地拥有和分享；他们不仅仅渴望去喜欢和爱，还渴望喜欢和爱得有意义；他们想学习，但要学得有意义。”①其实，儿童渴望知道生活的意义。儿童的许多问题如果在幼儿园里都无法得到关注，他们长大后，失去了追问的勇气，同样失去的还有宝贵的思考能力和生命力。

在这里，我们从不以成人的视角俯视儿童。当我们用儿童的视角重构当下的生活时，把自己变“小”了，变“弱”了，也就变美了，变好了……所以，“专业”的概念是一把双刃剑。说它复杂也复杂，说它简单也简单。简单到你做好人、拥有丰沛的情感，就很有可能成为一个好教师。

儿童有自己的情感

感觉是灵魂的语言。儿童的思维与创造活动离不开身体在官能上的探索，那种超脱了“感觉”的教育探索，无论形式多么多样，都无法完成真正意义上

①［美］李普曼：《教室里的哲学》，7页，张爱琳、张爱维译，太原，山西教育出版社，1997。

的变革。

什么叫“感觉”？感觉就是感受当下，我听到了什么、看到了什么、感受到了什么，我的情绪如何，我如何看待这件事情。我们的教育非常重视儿童的感觉，我们会有大量的时间来和儿童讨论他们的感觉。比如，我们和孩子们一起讨论“你有什么优缺点”的时候，我们会问孩子们:“当你和他人分享自己的优缺点时，你的感觉是怎样的？”有的孩子说:“说我的缺点的时候，我想藏起来。”也有孩子说:“说出来，我觉得缺点在我心里就没那么大了。”每个人的感受都是丰富的、多样化的，我们愿意花时间去倾听。

用情感打开儿童学习大门，是幼儿园教育的一大特点。如果我们把握不住儿童的感觉，那么所有的教育探索就只是空中楼阁，没有根基。所以，实践工作者每天都要问一问自己:“我今天花了多少时间和儿童交流感受？”所有的理性只有建立在感性的基础上才有意义。我们不能因为追求理性而渐渐远离了感性。相较于理性，感性才能让我们活得更像一个人，活得更自然、更可爱、更天真。

儿童的感性也并不像我们想象的那样不成熟。艺术与哲学，一个感性，一个理性，但都是儿童的重要情感表达方式。我总是跟老师们说，要感恩我们的工作，因为在和儿童相处的过程中，儿童教会了我们很多，不断给予我们精神财富，让我们有勇气去面对未来、面对生活，

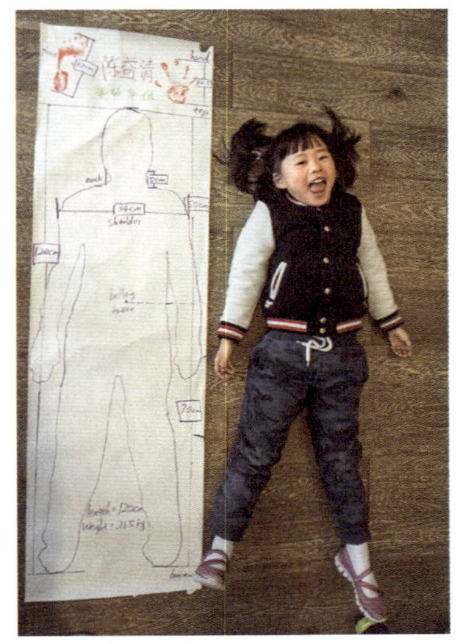

儿童有丰富的情感

使我们成为内心丰满的人，这是儿童存在的另一重伟大意义。

儿童有自己的认知方式

在幼儿教育领域，很多人过于追求认知，关心儿童学到了什么知识，提升了哪些能力，拥有了多少经验……

《园丁与木匠》的作者艾利森·高普尼克（Alison Gopnik）的观点让我很受启发："在以下两种情境下，儿童认知能力是截然不同的：一种是做目标导向的活动（代表的是一种执行功能）；另一种是做非目标导向的活动。在第二种活动中，参与者能够接收大量信息，这些信息是灵活的、可塑的或有创造性的。"① 我认为，这种灵活的、可塑的、有创造性的信息的整合依靠的是儿童的心灵。

情感性的、可调节的学习方式更符合儿童的认知。这一点，我们真的了解吗？在花草园中，我们不让孩子们必须"排排坐"，因为一旦身体被束缚住，就无法进行情感性的、可调节性的学习，创造性也会受到限制。

儿童的生命状态

每天，我们和孩子们在一起生活都感觉特别愉快。每当我遇到人生中难以解决的问题时，通常会选择和孩子们在一起，他们会给我力量、智慧、温暖与爱。每年毕业季来临的时候，孩子们都会问我一些问题。他们会问："你从哪里找来这么多好老师的？"还会对我说："园长妈妈，感谢你创办了一个这么好的幼儿园！"当孩子们用真挚的眼睛凝视着你时，他们真诚的赞美总会一下子击中你的心。

所以，我觉得，没有哪个工作能够像我们的工作这样，如此这般地进入到生命深处，让生命可以发生重大改变。这也是我爱这份工作的原因。这份工作，改变的是心灵。很多家长说，为什么花草园的老师很美，是因为他们的心灵和孩子们在一起变得愈加纯净。

① 赵静一，[美] 艾莉森·高普尼克：《静一访谈 09（上）｜童蒙世界里的智慧之光——访儿童发展心理学家艾莉森·高普尼克》，https://mp.weixin.qq.com/s/ziLpht48qH4uz_Q3HLqn5A，[2020-12-18]。

我们幼儿园很小、很“破”、很“旧”，但是我们却用关系构建出了一种有生命质感的教育样态。而这种教育样态是有能量的，我们中国人称它为“气韵”。当我们把这种改变变成一种能量反哺给儿童的时候，我们之间会形成一种巨大的能量场（气场），滋养着其中的每一个人。

在花草园，自在生活的孩子们

构建与儿童一起生活的关系新样态

重新审视儿童在幼儿园的地位

一个人在童年时期是无法主宰自己的命运的。他们被抛入他们与成人的关系中，他们的喜怒哀乐和生命状态基本上是成人“作为”的结果。一个孩子好不好、幸福不幸福，都和成人有着非常大的关系。

在现实生活中，儿童与成人的关系也总是处于一种被动的状态，他们被强势的成人管束、规训、教化，要求按照成人的意愿来生活。在社会关系的视野下，儿童因其自身的特质，始终处于与成人共在的被动结构中。无论儿童拥有什么样的活力，都不能摆脱与成人共在的社会性情境。

我们经常假借“保护儿童”之名，在教育和文化中，将儿童置于一种控制和干预之中。坦率而言，每一次对儿童的“发现”，都有可能伴随着对儿童的进一步的“控制”。

构建一种新型的师幼关系

今天，我们需要重新定义“我们”（教师）和“他们”（儿童）之间的关系。

儿童的生活世界是人类最丰富的意义世界，承载着丰富的生命意义。儿童的美好不是我们创造的，更确切地说，我们只是创造了一个文化的壳，那些填充起来的美好的情感、绚烂的色调是儿童赋予的。

一百多年前的“幼儿教育之父”福禄培尔曾说：“来吧，让我们与儿童一起生活！”

对幼儿来说，这意味着他们在幼儿园的地位需要重新确立。要重新确立“双主人说”，你是主人，我也是主人。如果仅仅把儿童当作主人，教师的作用就会被削弱。引领儿童未来的责任，依然需要成人来承担。

对教师来说，这种关系也意味着一种专业解放。现在，教师很辛苦，要带班、要填表、要学习、要研究……我们总是围绕着一些技术性的东西不断努力。但是，当我们选择和儿童共同生活的时候，并不需要花那么多的脑力。要学会让自己松弛下来，用心灵和他们共同生活。这种从大脑向心灵的回归，本质上是对教师的一种专业解放。

对教育来说，这种关系也意味着我们向“生活世界”的回归。在当下工业化的时代，人类文明经由混沌走向清晰，由凌乱无序步入井然有序，由单一贫乏走向丰富多彩，但在这一历程中，人类自身却陷入了自己营造的怪圈之中。理性的视角和态度规制着我们，遮蔽了现实世界中许多富有意义和价值的事物。在这样的背景之下，胡塞尔提出了“生活世界”的理论。

生活应是教育的出发点和归宿点，教育与生活之间有着内在的精神契合性，儿童的教育同样需要以“生活”为基点进行审视。我们必须要回归。跳出当下的内卷和裹挟，回到最真实的生活世界中去。

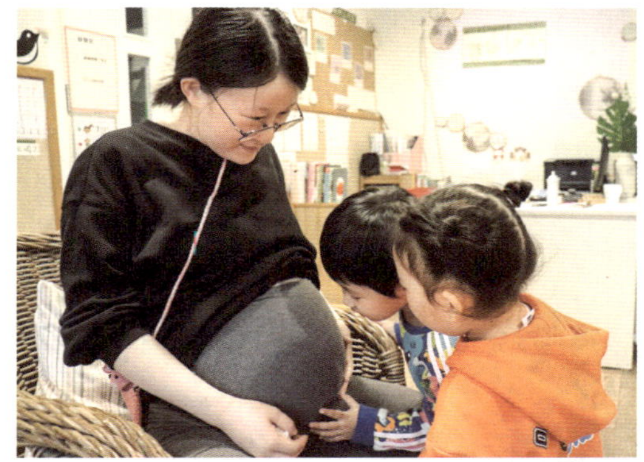

一起游戏，共同生活

和儿童一起生活需要保持一种审慎、一份庄严

成人和儿童一起生活应该保持一份审慎、一份庄严，时刻把儿童当作镜鉴反省自身，不要总是想如何控制儿童、如何“指导”儿童。

柏拉图（Plato）在《理想国》中提出了“洞穴隐喻”：在一个洞穴之中，一组囚徒面向墙壁工作。他们的四肢被套上枷锁，脖子也被困住，他们眼前的世界就是面前的墙壁，能看到的只有透过火光投射到墙壁上的影子。终于，有一个囚徒挣脱了枷锁，转过身去，从洞穴中走了出来，眺望远方，看到了太阳。

今天，我们也需要完成一个转身，完成一次革命。从“洞穴”中走出来，眺望远方，凝视太阳。而儿童就是我们这个工作永远的太阳。

梭罗（Henry David Thoreau）在《瓦尔登湖》中写道：“我们天性中最优美的品格，好比果实上的粉霜一样，只能轻手轻脚，才得保全。然而，不论是对待自己，还是对待别人，我们都并非这样体贴入微。”[①]对待儿童，我们能做到吗？

在幼儿园里，通过和儿童一起生活，教师不仅学会了和儿童一样拥有勇气、好奇与诚实，还学会了儿童的用心灵说话、用心灵思考以及用心灵生活。

儿童是我们心中永恒的“太阳”

自由的心才能拥有创造力

创造，必须在自由中产生。如果我们所有的员工都是需要被管理的，从不肯给他们自由的空间，总有标准、程式化的东西要求他们，那么他们就会产生担忧和恐惧，我们也无法看到他们的创造力，更无法看到他们生命力的绽放。

好的教育是由“自由人”创造的。唯有自由的人，才有感悟的闲暇时光和创造的快乐。

① [美] 亨利 · 戴维 · 梭罗：《瓦尔登湖》，7 页，澄因译，武汉，华中科技大学出版社，2018。

自由就是让每个人做自己。对教师来讲，当他能做自己时，感觉生命是有价值的，他的感官会打开，工作就会有创造。当他能够和孩子们一起互动、一起学习、一起创造的时候，心中的“信仰”也开始扎下根来。当工作变成了生命中的信仰，这难道不是一份生命的礼赞吗？！

在幼儿园里，每个人都有很多的自由。孩子们自由，他们有表达的自由，游戏的自由，生活的自由，学习的自由；老师们自由，他们自由探索、学习，自由表达内心的感受。因为，自由是信仰的土壤。

作为管理者，我认为真正的管理不是管理好事务，而是管理好人心。道家强调“无为而治”，所谓的“无为”不是不作为，而是要让每个人的心灵丰盈起来，当每一个人的小宇宙都能够支撑这份有意义的工作时，你才可以“不作为”。

每周，我会给教师们开教研会；每月，我会给全园职工开全园会。在会上，我们经常谈论的是什么呢？是思想。我们应该成为一个什么样的人？我们怎么思考工作的意义？我们如何面对孩子？……谈论的这些问题，看似空泛但却真切地影响着员工们的精神世界。

我很喜欢这句话：“形而上者谓之道，形而下者谓之器。”我们能看见的东西并不一定就是这个世界的真理所在，能看到的东西终究只是器，真正超越的力量一定来自“道”。我们拥有了“道”的时候，可以“俯瞰”工作中的问题，能够用一种最简单的方式解决最困难的问题，这就叫“大道至简”吧！

当我们觉察到了工作的意义，开始用一种虔诚的心来面对工作的时候，内心平静，每一天的工作都像是一次愉快的旅行。这样的工作，大家怎能不爱呢？

今天，我们已经创建了“回归与还原儿童本真生活”的课程体系。我对这个课程的理解是，它不仅让儿童的生活回归、还原到了本真的状态，儿童用心灵学习，我们也借由儿童完成了从身、脑到心的回归。每一个人都能安于自己内心的时候，就都成了有信仰的人。在幼儿园里，你会看到，每个人的眼里都有亮光，这些发光的眼睛有孩子们的，有老师们的，也有家长们的。

有人评价：这是一个多么神奇的地方。在这里，所有的美好每天都在发生，所有的美好每天都能看见，所有的美好每天都能被人发现……

真善美，艺术创作的源泉

张芬（教师）

园歌《大大的梦想》的诞生，对于幼儿园来说可以算得上是一件里程碑式的事件。2014年年底，幼儿园收到了中央电视台少儿频道《七巧板》栏目举办的合唱比赛的邀请，以此为契机，我们创作了《大大的梦想》。

开始选曲时，我们选了小星星组曲、音乐之声系列、具有地方特色的民间儿歌，还有外国轻松活泼的曲子，最后确定一首意大利儿歌的曲子，并选择星空与梦想的主题，填词创作《大大的梦想》。后来因为曲子可能涉及的版权问题，便请陈树老师重新谱曲，请朱蕙卿小朋友的爸爸重新编曲。

真：如果觉得不够好的时候，不妨再真一些！

有一个场景即使过去了那么久，依然在我的脑海中留下深深的印象。那是爸爸们第一次和孩子们一起合练。可能是第一次在孩子们面前演唱，所以爸爸们显得很拘谨。第一次合练没有给爸爸们加动作，所以，觉得笔直站着的爸爸们有些傻傻的、呆呆的、愣愣的。

后来我们根据歌词在一些地方给爸爸们设计了相应的动作，比如手搭着肩左右摇晃，竖起大拇指给孩子们鼓励，右手拍左胸表示爸爸是孩子坚定的支持者，等等。加上动作后的爸爸们显得自如了些，但是，想要的感觉还是没有出现。

这个时候，胡老师请爸爸们到一边，围成一个圈，问爸爸们：“你们对孩子们说你们的梦想一定要坚持，即使遇到再大的困难也要坚持的时候，是怎样的心情？爸爸是孩子们追求梦想的路上强大的后盾，在孩子们努力的时候你们应该站在旁边微笑地看着他们；在孩子们做了一件了不起的事情时，给他们竖起大拇指去称赞他们；在孩子们被困难击倒的时候，你们挺身而出坚定地拍着胸口告诉他们：‘我在！’这些事情就是你们平时在和孩子们相处时已经有的东西，现在需要你们表演出来，不要觉得这是一件很困难、很刻意的事情，只要把自己带入情境中，把平时的状态表现出来就可以了。”之后，爸爸们的表现渐入佳境，越来越好。

善：心中的善意，源自一颗柔软的心。

年前的最后一次排练，胡老师来看效果。看完之后，胡老师没怎么说话，最后说了一句：“行，年前就这样吧，孩子们和你们都好好休息，好好过年。”年后，新学期开始，各个班级的工作步入正轨后，最后3周的排练也提上了日程。胡老师把周冉老师、赵莉莉老师和我叫到一起开了一个关于排练的会议。

之后，我们调整排练方案，将工作细分为三部分：先选择部分幼儿完成录音；全部幼儿熟悉新的旋律，达到可以跟唱的程度；到最后，留出一些时间细抠动作以及完成与爸爸们的磨合。3周就完成了之前可能需要6周才能完成的事情。孩子们因为轻松的排练，更加期待再次排练的到来。

在这件事情中，有胡老师对孩子们的善意，也有胡老师对老师的不忍苛责。胡老师看到了孩子们的辛苦，也看到了老师们竭尽全力想把这件事情做好而付出的努力，她选择了在过去一段时间后，再说出来。

美：跟着感觉走，向这个世界上真善美的事物致敬！

爸爸们加入演唱让整个表演独具特色，这样的安排着重表现了孩子与爸爸之间的温情，爸爸对孩子追求梦想的支持。爸爸们的加入让歌曲更加饱满、更加立体，也让孩子们的情绪更加积极，仿佛自己一直坚持的梦想突然间有了一股强大的助力，现场爸爸们和孩子们一起演唱形成了一个完美的连接。

这个点睛之笔来自胡老师在偶然间看到参加表演的阎美孜和爸爸在家一起练习演唱《大大的梦想》的视频。最终，这首歌曲的表演调整为由22位小朋友和8位爸爸共同演绎。这样用心的演唱胜过所有华丽的演唱技巧，现场的表演更是打动了作为评委的彭野老师，彭野老师当场落泪。彭野老师创作过许多脍炙人口的幼儿歌曲，他说，他一直在寻找这种不露白但是能给人以浓浓亲情的作品，他被这首歌中孩子与爸爸之间的相互支持、相互鼓励、相互温暖所打动。

让表演美一点儿、再美一点儿，是胡老师一直追求的，有的调整真的是你说不出它到底为什么会更好，但就是会让人觉得这个改变做出之后的确更好了。

事业是至高无上的

张蕾（教师）

2015 年，我离开教师岗位走到了管理岗位上，这一年里，发生了很多事情。在和胡老师的交流中，有两件事给我的触动非常大。第一件是我家里的事情。我母亲身体不是很好，而家乡又离北京很远，每年只有寒暑假的时候才能回去探望。今年春节过后，母亲病情突然加重，住了两次院，没有办法，我只能跟胡老师请长假回去看望。我深知在这个岗位工作，如果离开，会带来很多麻烦。当我连续两次跟胡老师请假时，心里非常不安。可每一次胡老师都立即批准了我的假，并且发短信问候我母亲的身体情况，让我安心照顾她，别惦记工作。这件事使我内心对胡老师充满了感激。

第二件事情发生在 2017 年。由于对自己工作能力的不自信、对同伴的误解以及对很多事情的错误理解，我内心生出很多矛盾，对眼前的工作产生了质疑，状态也变得很糟糕，伴随而来的是行为上的懈怠和失误连连。我不良的状态还影响到其他一些老师的情绪，让她们的工作也出现了状况。胡老师指导教研的时候，会听取每个人的想法和思考，让老师们尽情表达，然后给出宝贵的建议，大家会感觉到有一股精气神在指引着大家。但是我在组织教研的时候却没有勇气这样做，觉得即使老师们表达了，我也无法回应，干脆就不做。时间久了，老师们的教研活动开始变得松散。胡老师是个直觉敏锐的人，能够轻松捕捉到我们每个人的变化，这样的状况自然逃不过她的眼睛。

胡老师跟我谈话，委婉地提出我的问题。她跟我说：“当你们遇到问题的时候我不会批评你们，而是和你们一起探讨。能够按照自己的方式工作是好的，但需要不断反思自己的心态。工作不可能是一帆风顺的，人也不可能总是保持一个状态，不能因为自己潜意识里对未来的不能把控而产生恐惧和烦躁，不敢大胆地尝试，还是下意识地逃避和抗拒？

不能还没有尝试就说做不好，不要等所有的事情非得特别有把握、有足够自信了才去做，恰恰是那些困境和挑战才给了我们反观自己的机会。工作最重要的是不能有情绪。”胡老师跟我谈完后，我反思了自己的问题，突然看到自己的内心住着一个非常弱小的孩子，脆弱而孤独，被很多东西缠绕和束缚着，没有勇气面对改变和真实的自己。意识到问题的过程并不轻松，如果没有胡老师的提醒，我可能很难主动去寻找答案。

最后，胡老师的一番话让我感动并心生敬意。她说，当我们带着负面情绪工作时，就是对工作的不尊重。对于她来讲，事业比任何事情都重要，别人如果有意见，可以指责她、批评她，却不能影响事业，因为在她眼里，事业是至高无上的，比自己的生命都重要！

孩子们帮我打开了心灵

王彩霞（教师）

2013 年，是幼儿园开展新课程探索的第一年，也是我参加工作的第八个年头。新课程与以往传统意义上的课程有着本质的区别，需要教师展现出更大的心理能量，需要打破原有的自我的认识、对原有课程模式的坚持，还需要厘清课程和自我的关系。而这些恰恰对我来说是最困难的，一时间，困惑、抵触、徘徊、顾虑、不安这些状态全都围绕在自己的身边。

还记得刚来园担任“配班教师”工作时的情景，而工作八年之后的我，如今也希望自己仍然像新人一样重新开始学习，调整、认识自己。于是我就像是刚入园的孩子一样，开始寻找自己进入课程的方式。我想用适合自己的、舒适的方式探索，用快乐的情绪与课程中的人、事、物亲密接触。

这一年，和孩子们的聊天、谈心多了起来，这样看似平淡无奇的对话让我对孩子们有了深度的了解。孩子的表达，让我觉得十分有画面感，在感受丰富、有趣的同时，我更能感受到每个孩子不同的、鲜活的生命状态。

记得我和孩子们阅读《我好快乐》这本书时，我根据故事的内容与孩子们随机展开“什么事情让你很快乐”的讨论。什么是快乐？快乐和高兴是一回事吗？什么事情能让你快乐？活动前我预设了很多的答案，我总以为在他们的眼中，得到喜欢的玩具、穿漂亮的衣服、吃到棒棒糖就是快乐。但是孩子们的回答让我真正感受到了他们都是天才的哲学家，他们是最懂快乐是什么的人。在他们的眼中，快乐的事情都是父母和家人带给他们的。这着实让我吃了一惊，孩子们的快乐就是和家人在一起，有爸爸妈妈陪，不管做什么都是快乐的。

还有一次，和孩子们讨论“我的心愿”。我感受到孩子们的表达最直接、最简单，却也最能直击重点。孩子们关于“我眼中的爸爸妈妈”的表达，更是让我感受到了孩子们犀利、准确而且深刻的思想，对于家庭中的一切，孩子们都知道答案，不仅知道问题的所在，也知道问题的解决方式。

除了被孩子们震撼，还有就是被他们打动，被他们所感染。在“六一”前一晚的幼儿园留宿活动中，孩子们无拘无束地表达着自己，他们不停地将手电筒拿在手里翻看，在夜晚拿着手电筒玩耍，将手电筒放在枕头底下后才安然入睡，等待着第二天来临的模样，不也正是我们童年生活真实的写照吗？

正是因为有了和孩子们在一起的生活，我们在自己的青春时代也回味了我们的童年。也因为有了孩子们，我们这些成人也学会了用期待、轻松的状态拥抱一切即将来临的事情。

园训的力量

吴婷婷（教师）

“成为我自己，我们在一起，按自己的节奏呼吸与思考。”

第一次看到这句话是作为中华女子学院的新生来幼儿园参观时。当时，我就在心里想：这是一所什么样的幼儿园？进门的时候能看到葡萄架和小长廊，长廊边上有个小池塘，爬山虎爬满了整个教学楼，还有大厅里的那句话，一切都是那么吸引我。如今，四年过去了，我又来到了这里。这句话一直都在给我力量，让我不断前行。

成为我自己

第一年教师节，已经毕业的魏小茜小朋友回到幼儿园，拿着花，冲进教室和我说："婷婷老师，教师节快乐！"她是我在大班做教师助理的时候认识的一位小女孩。大班毕业典礼的情景又涌上心头。典礼结束的时候，我已经哭得不成样子，有个小朋友从后面轻轻地拍我，我回过身，她塞给我一只小熊说："祝你天天快乐！"这个小朋友就是魏小茜。可是，在典礼结束的时候因为忙乱，小熊找不着了，我有些遗憾，也很难过。教师节的这一天再见到她，她长高了，也长大了。她告诉我，她现在上了小学，交到了许多好朋友，只是还会想念幼儿园的老师和幼儿园的小伙伴。玉洁老师说，每个人都会遇到一位"引路天使"，很高兴我在这里遇见她。感谢她，也感谢幼儿园，让我找到了最真实的自己。

我们在一起

我享受和孩子们在一起的每一分、每一秒。在花草园里，我们一起奔跑、晒太阳，一起看小池塘里的鱼自由地嬉水，在泡桐树下和小花丛旁捉迷藏，每每这个时候，幸福的感觉就会油然而生。我享受和老师们在一起的每一次交流，备课时候的头脑风暴，一次又一次思想上碰撞出的火花，我这个新人总被深深地折服。在这里工作的老师们都是我的"学姐"，这让人感到更加亲近。不管是生活还是工作，学姐们都给了我很大的帮助，让我很快融入了这个大家庭。

按自己的节奏呼吸与思考

我想到了一句话："每一朵花开都有不同的声音。"每个孩子都是一朵独特的花，他们都有自己独特的呼吸与思考，倾听他们花开的声音，重视每一个生命的轨迹，会发现一个异彩纷呈的世界。在幼儿园里工作了半年多，慢慢地找到了自己的节奏，和孩子们在一起，一起呼吸与思考，一起生活与学习。

我想，前面的路可能还会有一个接着一个的挑战，但是我不害怕，因为这三句话在不断地给我力量。

第十九章

面对面沟通

一个好的管理者就像家长。他既是父亲，有父亲的敏锐、慈爱，能一针见血地指出问题，也是母亲，有母亲的接纳、包容与宽厚。而且，这个家长还得是好家长，有情怀、有热情、有能力、有目标，愿意带着大家奔好日子。

“霍桑实验”的启示

1924 年，美国西方电气公司在芝加哥附近的霍桑工厂进行了一系列实验。最初的目的是根据科学管理原理，探讨工作环境对劳动生产率的影响。通过照明实验、福利实验、访谈实验、群体实验多个方式进行。最后发现，照明度的改变对生产效率并无影响。而福利实验发现，尽管福利待遇改变，包括工资支付办法的改变、优惠措施的增减、休息时间的增减等，但是都不影响产量。访谈实验却使生产效率发生了改变。工人们通过访谈，每个人都酣畅淋漓地表达自己后，心情舒畅，产量得到大幅提高。实验告诉我们，员工是“社会人”，他们需要被关心，领导的作用与能力应在于提高职工的满足度。这个实验也派生出了一个新名词：“霍桑效应”。“霍桑效应”是指那些意识到自己正在被别人观察的个人具有改变自己行为的倾向。

每个人都渴望获得存在感，希望能够得到尊重。对那些未能实现的意愿和未能满足的情绪，要让它表达出来，这对人的身心和工作都非常有利。要特别关注职工的情绪与感受，是霍桑实验给我的启示。在一个机构里，权力给你的只是一个工作的平台，只是一种工作方式，一种让你更好地引导员工发展的机会。

其实，每个人都渴望与管理者面对面的沟通。因为机构代表的是权威，当管理者用真诚的眼睛注视着他们的时候，他们会感觉到温暖和安全。当领导能够俯下身来和大家交谈的时候，不仅仅意味着被尊重，还意味着拥有了安全感与认同感，实现这一切最好的方式就是面对面沟通。

想要别人怎么对待你，就怎么对待别人

很多管理者容易陷入一种错觉，总觉得自己是好的、是对的，任何事情都要符合自己的心愿。这样做的结果是，容易使自己和员工进入一种对立情绪里。

幼儿园创办时，人员总是变动，无法保证稳定与发展。在没有高薪的情况下，也许只有一颗真诚的心才能留住他们吧。渐渐地，我发现，这样的工作方式对很多人而言，成了一个自我修复的过程。很多人渴望安全、渴望稳定、渴望关注、渴望爱与包容、渴望成长，也渴望超越。当每个人生命深处的渴望一一浮现时，

我在花草园的葡萄架下

我也意识到，这个从生命深处去理解他人的过程，也是一场难得的生命体验！

在工作中，并不是所有的人都能够理解管理者的真诚与善意。很多时候，大家更愿意站在自己的角度思考问题。但是，怎么看待这些事情很重要。我试着理解他们，放弃一些本能的情绪反应，学着真诚地沟通。如果我能理解他们的体验，并按照他们的真实面目接纳他们，他们会朝着积极的、具有建设性的、成熟成长的方向发展。换另一个角度来看，心理学认为，与领导的关系，是以父母关系为蓝本的，人们会不自觉地把自己与父母的关系投射到与领导的关系中。很多人喜欢跟领导对抗，是因为潜意识中与自己的父母对抗。对我来讲，能否温暖地理解他们、接纳他们，等待他们成长，看到他们最好的那一面，是非常有意义的。

面对面的沟通

每月全园大会，讨论核心问题

我们都开过或者参加过无数次会议，通常是开会领导台上坐，台上要有主席台，主席台上有名签，茶杯、话筒不能少，台下观众排排坐。令人不解的是，这样的开会方式，不知何时也蔓延到了幼儿园。有些幼儿园还将这种方式迁移到了儿童的重大节日活动之中，比如，“六一”儿童节时，孩子们排排坐在下面，等待着领导的到来和讲话。幼儿园原本是一片清静之地，孩子就应该是孩子的样子，生活就应该是生活的样子，老师就应该是老师的样子，而园长也只是老师中的一员而已。这种开会形式背后的价值观，只会使我们离真实的儿童生活越来越远。

体验发生之时也是教育开始之时

全园会，我们会谈些什么呢？“最近这一个月，你的心情、感受如何？”这一问题的提出，总是能引发大家多元的思考和表达，教师们可以分享自己的喜悦，也可以分享自己的困顿。生活的世界在某种意义上也是体验的世界，就这样，我们用自己的方式相互倾听、接纳、拥抱、注视。我们相信，体验发生之时也是教育开始之时。

在会议中，每个人都耐心倾听，都有表达的机会和可能性。会议结束，大家心情舒畅，变得更加清朗通透。一次会议，变成了一个移动的“加油站”。每个人都积攒了能量，而这个能量会展现在当下和未来。集体荣誉感在真诚、坦诚的分享交流中，悄然凝聚。每个人都能将自己的情绪，如内疚、不安、焦虑、喜悦、平衡等，转化成庄严感。庄严感是一种特别宝贵的东西，它让你对事物进行理性的判断，保持一种更加客观、豁达的态度，它也会显现在一个人的精神气质之中。

园长是“过滤器”和“容器”

每个月的全园大会，我都会表达一些个人感悟。“虽然每一个人都能成为最好的自己，但成为最好的自己的过程却是漫长的。不要急。”“当自己感觉不够好的时候，不要焦虑，也不要等着领导的接纳，而应该学会静等花开。”“当你做得好的时候，自然有人会认可你。”

我（右一）和田巍老师

我渴望用成熟的心智过滤掉无用的信息，传递给教师们积极的信念，同时也能够抱持和消化教师们各种各样的情绪体验，引导他们思考自己与自己、与世界的关系。

这种交流虽然不是一对一的交流，但却是面对面的交流。在这种交流中，每个人都能看到管理者真诚的眼睛、开放的胸怀。他们会对你产生信任，当你能够接纳他们的停滞不前与所谓的不足，他们能够慢慢安静下来。

越是安静的时刻，越容易逼近一个人的“底层逻辑”。底层逻辑就是我们在思考问题时候的首个核心切入点，从这个点开始思考所做出的决定。当围绕着底层逻辑思考时，所做出的决定才能和初心一致，最贴合内心，也是真实的人性反馈。所谓的内省从来不是遮掩，也不是隐藏，而是找到自己的“底层逻辑”。

所谓工作中的“修行”，就是一次次触碰底层逻辑的过程。能不能实现，要看一个人的愿力与慧根，但是最重要的是被看见、被接纳。

每周心田式教研，构建一种共生关系

每周二，是花草园的教研日。中午，我们会针对一些问题进行深度探讨。每次谈完，大家都特别开心。和每周五孩子们的“畅游日”呼应，老师们把每周二的教研会叫作“心灵畅游日”。

只有蓬松的土壤，才能长出幸福的种子

花草园的教研怎么“研”，“研”什么呢？每一次的教研会上，我们都如同农人一般，将自己的心田耕犁一遍，然后再播撒上种子。每个人撒的是不一样的种子，有的是土豆，有的是西红柿，有的是黄瓜……别希望他们都一样，因为就是这种多样性，花草园才变得如此丰富。我们把这种教研方式叫“心田式教研”。“心田式教研”分为三个步骤。

第一步：“说你、说我”，进入“母爱怀抱”和“家庭港湾”。这个环节很像是“母爱怀抱”和“家庭港湾”，每个人都真诚地表达自己，借助彼此的力量破除自己的“自恋之壳”。这一部分，教师们想说什么就说什么。他们可以说他们的高兴、幸福，也可以说他们的难过、悲伤；他们可以说他们的“巅峰时刻”，也可以分享他们的“跌落体验”。有的老师会说：“我觉得这个星期我的状态特别糟糕，我什么都没有做。”我会说：“没关系，每个人都有低潮啊。”下一个老师可能会说：“我觉得这一周我的感觉太好了，我发现了……”我会说“哇！太好了。这个问题，我还没有怎么想过呢。”在这个过程中，每个人都可以充分地表达自我，表达完都感觉心情舒畅。这一步，可以让一个人从“孤独世界”

进入“关系世界”，或者说从封闭的“想象世界”，进入开放的“真实世界”。

第二步：共同面对困难，体验“社会熔炉”。这一部分，我们会讨论教师们在工作中以及课程中遇到的困难，共同面对，在讨论解决办法的过程中形成“共同体”，构建更坚固的“家庭港湾”。每个人的问题都不一样，但都是真实的、开放的。教研会上，什么问题都可以被谈论，我们甚至谈论过：“如果班里有一个我不喜欢的孩子，我该怎么办？”“当我出现职业倦怠的时候，是走还是留？”我不觉得这些问题会对别人有很大的影响，因为每个拥有“真实自我”的人都有自己的判断。

第三步：确定目标与方向，逐步进入“无限世界”。这一部分，我们会谈论自己下一步工作的目标与方向，不是看别人的目标，而是要给自己找目标。一个羞怯的新教师的目标可能是：今天不敢抬眼看家长，到后来开始和一两位合作度高的家长讲话，再到后来可以跟所有的家长讲话。不要一来就对他们说：“你们受了那么多专业训练，连这些工作都做不了？”这样会导致教师的“真我”又缩了回去。

所以，在教研中，我们虽然讨论的是教育的问题，但看到的却是人心和人性的问题。每一个人都可以获得内心的观照和自我的成长。当教师能够在关系中获得滋养时，他和儿童的关系就有了更多延展的空间。这是非常重要的。

情感导向应成为教师管理的方向

当下，大部分幼儿园的教研活动过多地强调专业学习，大多是理性导向下的被动灌输，人的真实存在是被忽视的。那些外部评价标准上设定的，以为能促成教师专业成长的教研，可能会因缺乏教师的认同，而流于管理者一厢情愿的想法，难以拓展。长此下去，教师对于自己身为教师的意义、价值与行动的界定，对自己的身份认同，是不关心的。传统的教研方式使教师们一直处在重复性文化之中。

今天，我们越来越清晰地认识到，情感导向才是教研活动变革的方向。拥有共情的能力对幼儿教师理解他人，特别是理解儿童至关重要。幼儿园的教研活动也需要回归人性，回归到人的情感里，回归真实。我认为，这一改变至关重要。因为它影响了幼儿教师，促使他们将对自我的认知开始从大脑走向了心灵，也意味着从“虚体自我”走向了“真实自我”。

以自然、自觉、自由的教研文化触及教师内部生命的觉醒

柏格森（Henri Bergson）在其生命哲学中提出，生命是绵延不断的冲动之流，生命在时时刻刻创造自我，生命的价值在于创造。有研究者将教师的情感劳动划分为自然、自觉、自由三个阶段，这也是一个教师专业成长需要经历的三重境界。当教师自然地表达自我、展现自我，进入自觉发展的阶段时，生命的绵延性和创造性就在其中。

教研活动就是要为教师提供一个共生空间，教师们可以真实地表达对教育的认识与反思。其最终目的是构建起一种“共生”关系，让自然、自觉、自由的教研文化从根本上触及教师内部生命的觉醒。

我（左四）和几位年轻的老师们

和大家聊天，发现关键问题

每天，我都会在园子里走一走、停一停、聊一聊。我喜欢用这样的方式和大家沟通。上厕所时我问保洁员:“最近怎么样？有没有什么问题啊？”她告诉我:“饭菜倒得太多，厕所都堵了。”我在当月的全园大会上讲了我的观点，中国人自古有“俭以养德”的说法，简朴是培养品德的重要一步。要试着体会每一个物品到你面前经过了很多道的工序和很多人的劳动，要有“惜物”之心。我开始琢磨：是什么原因导致倒饭情况出现？后来，我们把食堂旁边的一间空闲屋子改成了小餐厅，老师坐在小餐厅里吃饭可以随吃随取，浪费现象从此大大减少。

对于员工，我很少批评，而是告诉他们应该怎样去做。因为，没有人是完美的，工作过程本身就是一次再学习过程。我发现，每个人都很喜欢和我聊天，因为，没有批评，没有教导，只是倾听。他们愿意把心里话告诉我。

当所有人都能平等交流的时候，教育有了流动的感觉。

和孩子们聊天，思想涌动

我特别喜欢跟孩子们聊天。每当我思想阻塞或心情沮丧的时候，跟孩子们聊天，能从中听到他们对生命的积极态度，也能听到他们的奇思妙想，甚至能感受到他们那颗纯真的心和你在一起。那时候，你会感觉自己特别有力量。

和孩子们一起游戏

幼儿园很多地方的设计与建造都是孩子们梦想成真的过程，因为很多创意都是与孩子们沟通后产生的。他们渴望在大树上有一个树屋，这样就能从高处往下看幼儿园的样子。2016年春天，这个愿望终于实现了。孩子们也特别喜欢聊天，我一进到班里，他们就围拢过来。聊的内容很丰富，他们穿新衣服了，爸爸妈妈吵架了，妈妈生了小弟弟，新年愿望，等等，这样的聊天很让人享受。

专业交流，思考更深入

幼儿园有多个群组，班长群、教师群等。在这些群里，我们经常进行专业讨论，我们思考教育本质、探讨课程结构、了解家庭模式、设计活动内容，每天的内容特别丰富，也让我们对教育的细节有了更多的思考。

面对面的交流是什么？说到底，它是一种人心对人心的交流与呼应。当管理者能够放下自己头脑里的预设，放下执念，跟员工在一起的时候，他们也会视工作为事业。

当一个人的精神世界能够延展到对他人的影响的时候，也超越了一般意义上的管理。

今天，幼儿园有了一套独特的管理模式。在事物的管理上，我们会事先制订一个计划，中层领导将计划推行下去，负责结果，进行“垂直管理”；在“扁平化的管理”过程中，我们重视员工的思想和情感。这样的管理，既能够观察到计划是不是得到了很好的落实与实施，也能够了解到这个计划的意义、价值与存在的问题。回到核心问题上，幼儿园园长到底是做什么的？我觉得，幼儿园园长更多的不是领导，而是一个服务者，他的服务对象就是教师、儿童和家庭。当这种关系呈现出一种和谐状态时，幼儿园才会真正成为儿童的乐园。

感悟：

一个幼儿园办学理念与教育思想的形成应是全体工作人员智慧的结晶。在形成和实施过程中，园长在其中起着重要作用，但这并不等于说，园长的办学理念就是幼儿园的办学理念。

一个机构就像一个家庭，每个人回到家庭最想获得什么？他们能在家庭中施展多少才华？这些都是管理者要思考的。一个好的管理者就像家长。他既是父亲，有父亲的敏锐、慈爱，能一针见血地指出问题；也是母亲，有母亲的接纳、包容与宽厚。而且，这个家长还得是好家长，有情怀、有热情、有能力、有目标，愿意带着大家奔好日子。

我们在一起，迈着大步向前走……

让我学会“偷懒”的园长

马静（教师）

我休产假后回园工作的第二年，因为照顾孩子，有很多事情都力不从心，觉得很累。但好强的我不甘示弱，总是在想，别人能做的事情我也能做的。即使有困难，我也觉得自己肯定能行，但完成的过程中，又因为精力不够而牢骚一大堆。在期末总结会上我仍然说：“这个学期，我觉得我很幸福，很好！”胡老师敏锐地发现了我的状态和存在的问题，在会后找我谈了一次话。当时，我哭了，哭得很伤心，从来没有这样哭过。我不敢面对那个真实的自己。累，不敢说，表面还要强装着“晒”幸福，欺骗自己。我开始重新认识自己，因为太多的自卑，才会对周围所有东西要求高，当它达不到我内心标准的时候，就会烦躁。

当时的我，整个人就像是从“战场”上打了败仗一样。整整一个假期，我都感觉心里没有着落，也不知道该干些什么。新的学期又要开始了，说实话，我并没有做好迎接新学期的准备。

开学前的一天，胡老师检查每个班级的学期前准备，走进我们班后，对我说：“小静，最近怎么样？”我说：“我想了很多，但还是想不出来，我觉得我就像一棵疯长的树，枝和叶都在恣意生长，看上去生机勃勃，但终归要修剪才能成型。”胡老师说：“你呀，就是要学会‘偷懒’，该工作的时候工作，该休息的时候休息，不要把自己绷得太紧，像一根橡皮筋似的，等到断的时候，那就垮了。”听到这段话，我很诧异，“偷懒”？我从没想过园长会和我这样说。

胡老师的话，让我一下子开窍了。我觉得，应该学着听听自己心里是怎么想的。我顾虑的事情太多，对自己的要求太高，希望别人给予我的评价都是积极的，是表扬和赞赏。以前我对这样的自己习以为常，总觉得就应该是这样的。我也会下意识地忽视身边人的感受、身边人的能力，把事情都大包大揽在自己的身上，当精力不足时，又开始抱怨，开始对所有的东西都不满意。

年底，胡老师又和我谈了一次话，帮我调整工作状态和梳理内心的想法。我想，现在我可以勇敢地说了："我真的很累……"当我说出来的时候，我的心很放松，也很踏实。

她心里装着每一个小朋友

赵莉莉（副园长）

胡老师有一颗柔软的、包容的心。

家长：园长妈妈，您好。我是中班××的爸爸。谢谢您，孩子昨天回家特别激动地说："我跟园长妈妈聊天了。"并告诉我，园长妈妈是属龙的，是大龙，会保护他和其他小朋友的。还告诉我，以后有事要小声说，说话要软一点儿，太硬了他也会害怕的。

当我跟孩子站在平等角度的时候，我感受到了孩子的渴望。是您教育了我，这件事让我很震撼。我想，以后要放下自己内心的焦虑，融入孩子们的世界里。谢谢您！我突然找到了用心灵对话的感觉了。我控制不住自己心中的喜悦，想赶快给您发个信息。

胡老师：孩子很好，但内心有很大的焦虑——是对父亲的恐惧。我告诉他，我可以保护他，让他大胆地做自己，表达自己。也可以减少控制与评判，试试？

家长：谢谢园长。您的话给了孩子很大的勇气。孩子在我面前大胆地说："园长妈妈是个神奇的人，会一直保护我。"我感觉到，他这些天在很努力地表达自己的想法。您的缘起，对我们全家来说太重要了。我一定把握住这次机会，学会放手和倾听，慢慢解除他的焦虑与恐惧。本来应该是父亲给孩子安全感的，我很惭愧，孩子晚上睡觉都要枕着您送的霸王龙图书入睡……

这是一位家长与胡老师在网络上的私信对话，里面记录了胡老师和孩子聊天后，孩子回到家和父亲沟通的过程以及父亲的反思。这个孩子在幼儿园很惊恐、胆小，不太爱表达。就是这次谈话，让他有了园长妈妈的守护，变得更有力量了。

在幼儿园里，每个孩子的反应、表情都被胡老师看在眼里，她是不会让他们难受、难堪的，她希望每个人都能受到积极的关注。

老师怎样管你会让你觉得不舒服

张蕾（教师）

因为任玉英老师休产假，我来到了大二班带班。第三周开始，我熟悉了大二班每一个孩子的大名、小名、基本特点。他们也发现，我其实是一个很好说话的老师。于是，我的“麻烦”也接踵而来。全勤时，每个孩子都那么灵活、好动。除了吃饭、睡觉等集体活动，他们都沉浸在自己的游戏中，三人一堆、两人一组，叽叽喳喳，我发现，指令对他们来说似乎没什么效力。

在之前的教研会上，胡老师点评过几位老师的教育笔记，其中晁妍关于批评的思考让我很受启发。反观自己，内心似乎有很多执念，挫败感也是“把控失败”的产物吧？我在想，为什么我总是希望孩子在我的控制下？孩子们自己能够管理自己吗？孩子们对于老师的“控制”是怎样看待的呢？我和孩子们也开展了一次对话，主题是：老师怎样管你会让你觉得不舒服？

阎美孜：老师每次都说“小便、洗手、喝水”。可是我在起床后都是先喝水，要不然小便完再喝水又要去小便。

齐欣桐：我觉得，当我和好朋友说悄悄话的时候，老师就会请小朋友坐在椅子上，我和我的好朋友就分开了。我希望不要按照小组坐，可以随便和好朋友坐在一起，我们也不会打扰其他的小朋友。

王博约：我觉得区域活动的时候，我喜欢这么玩玩具，可是老师说，玩具应该是那么玩的。玩具就是用来玩的，怎么玩都可以。

潘锦璇：我喜欢趴在地上看书，可是老师不让我趴在地上看书，其实我趴一会儿就起来了，不会太长时间。

孙尚平：中午脱衣服时老师总是数数，让我感觉到很紧张。如果老师不数数，我会脱得很快，而且会把衣服叠整齐。

丁沛然：我中午不想睡觉，可是老师非要让我躺在床上，还不能出声音。如果中午能让我去图书馆看书，我一点儿都不会吵到别的小朋友。

孩子们对问题有自己的答案，也总能够戳中问题的要害。这场讨论带给我无尽的思考……

这里仿佛就是一个家

梁小健（厨师）

在幼儿园里，无论是孩子还是员工，过生日的时候都会收到幼儿园送出的生日书。因为我是一名厨师，今年的生日，我收到的是一本有关食物制作的书。拿到生日书，我想，我的厨艺会又上一个新台阶。

我们食堂会给过生日的老师制作长寿面。过生日的老师在吃到长寿面时的一句道谢，让我们觉得，这里仿佛就是一个家。

之前，我们食堂师傅的工作都只在食堂里，而现在，幼儿园安排了让当值厨师巡班。这样的安排让我们第一时间了解到菜品是否适合幼儿的口味，在营养配餐时有没有一些需要调整的部分，分餐的精细程度是否合适，等等。因为这样，我和孩子们有了近距离接触的机会。巡班的时间都是在孩子们吃饭的时候，有的班的老师请孩子们在师傅进来的时候用招手打招呼的方式表达对厨师师傅的感谢。每当我走进一个班级，看到孩子们笑盈盈地向我招手，哎呀，好像一天的工作都有劲儿了，这种感觉真的很奇妙！

我是幼儿园的一分子

诸葛鹏（园林设计师）

我是一名园林设计师。结识胡老师是在幼儿园建园初期，当时的幼儿园刚刚成立，空空的。胡老师的要求很明确，先把绿化的“骨架”搭起来。记得胡老师当时说：“幼儿园应该有很多树，叶子很大、很茂密，长得很漂亮，但要长得快一点儿……”当时我就想到了能开好多花、叶大如盖的泡桐。把想法和胡老师沟通以后，胡老师马上表态说：“不错，很好！”十几年过去了，当时那十几棵泡桐已经绿树成荫，成为“花草园”园林绿化最具特色的标志之一。就这样，十几年过去了，我和这所幼儿园结下了不解之缘，也和胡老师成了志同道合的朋友。

在我的心里，胡老师是一个特别天真、纯净的人，也许是因为她从小的生活环境，也许是由于这个职业……她对大自然的热爱，对人与人之间爱的珍惜，都在影响着我们。胡老师周围的每个人都能感觉得到，她就像一个太阳，散发着光芒，照射着她身边的人，而这些人再把这种爱传给更远的人。这就是人格魅力吧！

我特别喜欢来幼儿园，也特别喜欢和胡老师聊一聊我在园林绿化方面的一些想法。胡老师虽然是园长，但在园林绿化和改造方面，从来都是亲力亲为。她有很多很好的想法和创意，总能给我很多启发。在这里，我收获的不仅仅是经验、创意、想法，还有人生的哲理。

记得那时候，幼儿园想要建一个葡萄长廊，我来到幼儿园和胡老师沟通。关于葡萄长廊，我们之前有很多经验，比如在一些小区、公园，我们建造的葡萄长廊大多讲究颜色深、厚重，要有“高端、大气、上档次”

的那种感觉。而胡老师当时给我们的建议是，要多从孩子的视角和孩子的心理特点去考虑整体的构思。因为葡萄长廊是为孩子们建造的，首要条件是孩子们的感受，孩子们在这儿一定是舒服的。最终设计方案的“葡萄长廊”要比其他地方的高度矮一些，颜色也选择了特别适合孩子、更接近自然的青葱色。那次以后，我对设计有了一个更新的认识：因地制宜、因人而异，幼儿园的环境要更多地从孩子的角度去考虑。

后来幼儿园又建造了小池塘、木格栅、游戏台、雨水花园……这么多年，我们一直在为幼儿园提供设计、绿化方案，当彼此的了解加深、信任也不断加深的时候，胡老师会和我谈起自己小时候的生活，以及森林、小溪等环境对她的影响，这也唤起了我很多童年的回忆和经历以及那种美好的感觉。小时候的我，生长在呼伦贝尔大草原，也曾沉浸在大森林的美妙之中，对水有一种特殊的感情……这样的讨论和沟通，让我们的设计灵感源源不断，想法也更加丰盈。在改造小池塘的时候，我和胡老师讨论，在小池塘旁边建造了一个雨水收集器，屋顶平台的水可以通过管道集中到蓄水池，经过过滤可以用于小池塘用水的补充，还可以冲洗大理石地面或者完成灌木的浇灌。同时，也给孩子们提供了一个作为示范的、科普的、可供观摩学习的环境资源。

和胡老师的交流，我最大的体会就是，胡老师建造了一所“森林气质”的幼儿园，这里有森林气质的老师、孩子，所有人都有发自内心绽放出的微笑，这是用任何语言都无法表达的。这里有爱，有对自然的爱、对生命的爱……这种爱是一种能传播、能扩散的爱，在这里生活、学习、工作的每一个人无疑都是幸福的。我也深受感染，特别愿意来幼儿园，特别愿意为幼儿园服务，有好的植物或者好的点子总是喜欢主动和胡老师分享。我还经常免费为幼儿园送花，因为做这些事情的时候我心里特别欢喜，特别高兴。在这里，我不仅仅是一个合作者，更像是这里的一分子。

第六部分
心与大道和

第二十章

『花花草草幼儿园』是『诗意』工作、生活之地

这里，教育不是墙上的条文，不是冷冰冰的规定，而是一颗颗扑通扑通的心。

——高天（高楠狄爸爸）

孩子们如是说

每个人都知道自己该做什么

我知道于师傅管着幼儿园的大门，小朋友不能一个人离开幼儿园。爸爸妈妈要刷卡进来才能接我们。还有就是晚上不让小偷进来。 杨博岩（5 岁）

在幼儿园里有老师管小朋友，有老师管给我们买玩具和书，我们还有个图书馆，我们自己当小管理员。 陈撼（5 岁）

我们幼儿园什么时候都是干干净净的。有老师给教室打扫卫生，小贾阿姨给楼道打扫卫生，还擦大滑梯。 马涵絮（5 岁）

老师们得看好小朋友们，如果摔跤了，幼儿园有监控摄像头，能看到是怎么摔跤的，下次就得注意了。我还知道，保健室的许老师是检查监控的。 刘宇谦（5 岁）

给植物浇水

于叔叔管着我们的安全，李师傅和梁师傅管给我们做饭，许老师和陈老师在我们摔倒时管给我们抹药， 老师和我们一起上课做游戏，他们都在管理。

黄意恒（6岁）

在幼儿园里，老师管我们，老师自己管自己，因为老师已经是大人了。

杜安澜（5岁）

妈妈说她有一次来接我忘带门禁卡了，于叔叔没给她开门。这是为了保护我们，我觉得于叔叔管大门管得很好。

刘佳琪（6岁）

得有一个负责人管人、管事

园长就是我们幼儿园的管理员，我猜她会给老师们“上课”，也会教老师们“写字”吧？

颜好兮（5岁）

幼儿园打扫卫生是于大大和小贾阿姨管的，做饭是食堂师傅管的，小朋友是老师们管的，园长妈妈得管所有的事情……

徐子淇（4岁）

享受幼儿园的用餐时光

一些重要的事情要管好

我们要保护好我们的幼儿园，保护好小朋友，还得保护好小池塘。

郭一力（4岁）

幼儿园要让小朋友们知道什么事情能做，什么事情不能做。

翟一桢（5 岁）

幼儿园也要约束我们不去做一些不好的事，不让我们犯更糟糕的错误。

关策（6 岁）

老师会带着我们做一些有意义的事情

老师们写了《儿童宣言》，我们都记住了，还照着做，这就是管理。

曹瑞（6 岁）

每年的秋天、春天，还有冬天，幼儿园都会带我们出去玩。比如去奥林匹克森林公园、七彩蝶园、翻斗乐什么的。

吴朝宇（6 岁）

园长妈妈喜欢幼儿园的大树、小草，还有花儿，还有小池塘、葡萄架、楼顶、后院……她想让它们很美丽，我们看见它们美丽，也就很爱这些地方。

董万圻（6 岁）

老师们给我们写了《大大的梦想》的园歌，每次唱我都特别激动，然后我就不放弃一些事情。

高艺嘉（6 岁）

这里会教育好爸爸妈妈

我和爸爸妈妈一起看“园历”，就知道爸爸妈妈快来幼儿园参加半日开放活动了，每过一段时间爸爸妈妈都会来幼儿园参加学习。我感觉这个学习很重要，因为他们学完了就更爱我了。

潘锦璇（5 岁）

以前我爸爸总是忙自己的事情。现在爸爸每天都能陪我玩一会儿再工作，我知道，是因为幼儿园告诉过爸爸妈妈，孩子就是需要大人陪的。

宋承山（6 岁）

幼儿园新年庙会的时候，有很多家长来参加活动，需要把他们也管理好，让他们知道需要做什么，这样我们就能玩得更开心啦！

许珂（6岁）

老师还会给爸爸妈妈上课，爸爸妈妈听完就知道怎么帮我们，更爱我们。我觉得那是老师在管理爸爸妈妈。 陈昊臻（5岁）

爸爸来幼儿园给孩子们讲故事

这里能帮助我们实现梦想

我觉得我们也能管理幼儿园，因为园长妈妈总能同意我们的想法。本来小池塘已经很漂亮了，但我们想在小池塘上建一座桥，园长妈妈同意了，我们就一起建造了一座彩虹桥，我们真是太高兴了。 冯蕾伊（6岁）

我觉得我们能按照自己的想法改造幼儿园，我们在空中花园改造了一个凉亭，还有水床，让空中花园变得更好玩了。

王思皓（5岁）

我请妈妈和李爷爷来幼儿园给小朋友讲四合院的故事。因为李爷爷是最懂四合院的人，比老师知道的还多。 齐欣桐（6岁）

家长如是说

这里有一颗颗扑通扑通的心

高天（高楠狄爸爸，2017 届毕业生家长）

在这里，我可以用三个“心”来概括他们的工作：上心、贴心和暖心。入园、离园时必须刷卡进门，安保叔叔时刻保持警惕；除了网络日志和相册，小朋友们的快乐时不时地通过微信群视频传到家长的眼前；孩子有特殊需要，老师专门请食堂师傅准备食物……这里，教育不是墙上的条文，不是冷冰冰的规定，而是一颗颗扑通扑通的心。

幼儿园像是一个完善自我、成就自我的地方

武振宇（武妍辰爸爸，2017 届毕业生家长）

作为一名家长，我感受到管理者、教师、保健老师、食堂师傅、保安员、保洁员等各个岗位的工作人员，都已经把教育转化为一种对自身的有效管理，各司其职，主动积极。这是一种把思想融入员工的血液里、落实到行动中的境界。

幼儿园还营造出了一种氛围，一种成长的氛围。这里，对老师、家长来说，似乎已经不仅仅是一个工作场所或学前教育机构，这里更像是一个完善自我、成就自我的地方。这种氛围常常促人思考，并想要完善自己。这种管理形成的组织精神，应该是多年来秉持执着理想和独特管理思维才积淀形成的，它深深影响着身在其中的每一个人。

这里没有简单的“管束”

邓嘉麟（邓天雪爸爸，2015 届毕业生家长）

在我看来，重点在于“理”，而不是“管束”。老师们更关注如何培养孩子的自觉性，让孩子学会自觉管理好自己的生活和时间，而且都是从孩子们的角度出发。这点很多幼儿园都在做，但是能够做得这么自然和谐的少之又少。

以人为本

毕继业（毕稼州爸爸，2015 届毕业生家长）

咱们幼儿园的各项管理都是“以人为本”，并将这一灵魂渗透到管理的每一个环节、每一节点。有理论的管理是优秀，有灵魂的管理就是卓越。

精神与情绪的管理才是重要的

王从越（李可心妈妈，2015 届毕业生家长）

我认为，中华女子学院附属实验幼儿园管理的终极靶向，指向了精神与情绪的管理。所有的健康成长，都是基于快乐平和的心态体验。从这个意义上来说，幼儿园的管理非常成功。

从传统文化中汲取智慧

肖宏文（肖书妍爸爸，2015 届毕业生家长）

当教师能从孩子们渴求的双眸、灵动的双手、喷发的智慧以及日渐完善的人格中得到快乐、满足，特别是能从中观察到自己专业的成长、人格的完善，这种正循环过程就是管理的最高境界！具有这样管理视野的学前教育机构可谓少之又少，而从传统文化中汲取智慧的，可能仅此一家！

“家长学校”，让我们明确了责任

朱婷（沈奕橙妈妈，2015 届毕业生家长）

对家长来说，我感触最深的是“家长学校”，通过学习实现对家长的管理或者说是影响。通过园长、老师和众多家长间的互动、交流，通过对家长在孩子教育方面的指导，家长们更加明确了自身的责任，让为人父母的我们学会了如何更好地去陪伴孩子，更珍惜与孩子相处的宝贵时光，助力他们的成长。

这里有一种包容性的信仰

关晖（关策爸爸，2016 届毕业生家长）

幼儿园的管理者有一种包容性的信仰，将老师、孩子、家长融合在一起。

天下难事，必作于易；天下大事，必作于细

王文利（王乐菲爸爸，2015 届毕业生家长）

这园子，虚室生白，生机盎然。园长难得一见，员工个个神采。以“天下难事，必作于易；天下大事，必作于细”的无为之法得大治。

处处渗透着文化

李欣欣（徐正妈妈，2015 届毕业生家长）

幼儿园处处渗透着文化精髓，对孩子们的悉心照顾就不用说了，“家长看得到的地方要做好，家长看不到的地方要做得更好”。幼儿园敢这样说，而且真的这样做了。

让所有人都能获得成长

何湘平（何思凝爸爸，2015 届毕业生家长）

幼儿园能够使所有相关者在孩子成长的过程中受益，和谐且快乐。幼儿园能让家长认同并主动参与课内外儿童的成长建设；幼儿园拥有善良、认真、负责、专业的团队；园长敏于发现，善于分析，勇于实践，敢于担当；幼儿园是一个引导儿童乐于认知自然、勇于表达自我、传递友爱的家园。

每一个细节都体现出教育思想与理念

冯学慧（陈彦诺妈妈，2016 届毕业生家长）

如果从每个老师的言谈举止，从每个孩子的嬉戏玩耍，从幼儿园的每个角落，都能看出幼儿园的理念的话，那么幼儿园的管理就是非常成功的。

安全、流畅、高效，没有漏洞，从不死机

沙亮（沙乐霖爸爸，2015 届毕业生家长）

什么是卓越的管理？就好像从来没有管理一样。幼儿园的管理体系就像电脑、手机的操作系统，孩子和家长是管理体系的用户和体验者。虽然我们不知道内部如何运行，但四年来我的体验是：安全、流畅、高效，没有 BUG（缺陷、漏洞），从不死机。

第二十一章

『道』在人心，『道』在自然与生活

园长妈妈是一个很漂亮的人。她自己本身就很漂亮，我也说不上哪里最漂亮，我觉得应该是心里。我爱的人心里都很漂亮。

——杜安澜（5岁）

孩子们眼中的园长

她是一个笑眯眯的女人

她是一个女人，是一个爱我的女人。 肖歆怡（3 岁）

她是夏天会穿裙子的人。她应该爱穿裙子，因为我也爱穿妈妈的裙子。 刘子立（3 岁）

她是高高兴兴来上班的人。 方惠芊（3 岁）

她是一个爱笑的人，她一见到我就笑。 陈海睿（3 岁）

我觉得她是一个很美的人，她让我们觉得很温暖，很快乐。 刘旭冉（4 岁）

再见啦！亲爱的园长妈妈

她是一个很开心的人，她只要看到我们就乐呵呵的。

陈刘芷蘅（4 岁）

她来幼儿园的时候会带一个丝瓜，她应该很喜欢吃丝瓜，她的丝瓜也分给我们。她好像爱所有的班和所有的小朋友。有时候我们在玩大滑梯的时候就会看到她，她总是笑眯眯的。

武妍辰（4 岁）

给孩子们送柿子

她是一个很温暖的人，因为我看到她的时候她都是笑眯眯的，然后我的心情也会很好。

李睿轩（5 岁）

她是一个很善良的人，因为她对每一个人都很温柔。

王玉迪（5 岁）

她是一个很漂亮的人。因为她选的老师都很漂亮，我就觉得她也很漂亮。

陈南溪（6 岁）

一起享受秋天的落叶

一个特别喜欢小朋友的人

她是给我们送山楂的人，我们喝了山楂水，还用山楂拼了小人。

张北歆（3 岁）

她是一个喜欢我们的人，她经常把好吃的果实送给我们。

谭惜之（3 岁）

她是一个力气很大的人，给我们弄来那么多玉米、柿子、桃子、葫芦，还有好多好东西。 秦尔东（5 岁）

她一来到小一班，就会跟我聊天。 吴徐正（3 岁）

她喜欢给我们带礼物，不是给我们带这个就是给我们带那个。我们老能收到礼物，每次都不一样。 翟一桢（5 岁）

她对我特别好，有一次她问我：是不是爸爸送我的时候我会哭？我说，奶奶送我，我就不哭，哈哈。 吕诗凝（4 岁）

一起大笑

她是一个很会照顾小朋友的园长妈妈。因为以前我们班有一个小朋友拍球的时候哭了，她就会去轻轻地安慰他，和他聊天，然后那个小朋友就不哭了。 高艺嘉（6岁）

她是一个知道每个人喜欢什么的人。她知道我喜欢唱歌，就邀请我去领唱园歌。 阎美孜（5岁）

她是一个很有耐心的人，她会和我聊天，也会给我讲她的小猫的故事。 曹亦轩（6岁）

生日的时候接受孩子们的祝福

有很多本领的人

她会给大人讲课，我在电视上看见过。 闫皓同（4岁）

她是很有能力的人，她能一下子就把幼儿园变成“城堡”。
许珂（6岁）

她是一个能记住很多东西的人，她记得每个小朋友的名字、每个小朋友的生日。小朋友生日时，她会送上一本喜欢的书。
王博约（6岁）

我觉得她是一个本领很大的人，因为她帮我实现了好多愿望。我想在幼儿园有一张特别大、特别大的网，今天中午一起床就真的看到了！ 刘小篪（6岁）

我觉得她一定是一个爱看书的人，因为她会给我们买很多很多的书，我们还有很大的图书馆！ 胡文虎（6岁）

我觉得她本领很大，她会和小朋友讲公主的故事，她在幼儿园种了那么多的树，她还帮我们找到了这么多特别好的老师。
周心然（4岁）

再见啦！亲爱的幼儿园

我们喜欢叫她“园长妈妈”

因为她是个爱孩子的人，所以我们也叫她“妈妈”。

张李昀（4岁）

她看到我们的时候特别高兴，就好像妈妈一样。

董镟（4岁）

园长妈妈是一个爱我们的人，她会轻轻摸我的头，还给我们送好吃的。

郭文宇（3岁）

她把最好的果实送给我们。她送的玉米最好吃了。

郭一力（4岁）

园长妈妈很爱我们，她每年都给我们买蛋糕吃。

王浩磐（5岁）

她是一个很好心的人。她一来幼儿园，我就安心了。

邸昱锐（6岁）

再见啦！美丽的花草园

我们都爱园长妈妈

我觉得园长妈妈是一个很有耐心的人。她不会催着玉米和柿子快快长大，她会等到吃玉米的时候给我们带来玉米，等到吃柿子的时候给我们带来柿子。

李美凝（5岁）

每次一看到园长妈妈我就很高兴。

赵君怡（4岁）

园长妈妈是我特别喜欢的人，我喜欢看她。

高不寒（3岁）

园长妈妈总来看我们，还和我们一起玩，她总爱为我们服务，我们也爱她。

崔书萌（4岁）

园长妈妈是一个很漂亮的人。她自己本身就很漂亮，我也说不上哪里最漂亮，我觉得应该是心里。我爱的人心里都很漂亮。

杜安澜（5岁）

一起庆祝我的生日

第二十二章

从这里走出去的孩子

我很小的时候，一颗叫“尊重”的种子已经被种下……

华欣怡　幼儿园2009届毕业生

虽然有点久远，但记忆沿着时间轴，“凸显”出来的一定是最深刻、难忘的片段。回想幼儿园的那段日子，从恐慌、啼哭开始，结束于舞台灯光下的自信、微笑。

尊重孩子节奏，允许“慢”下来，当初自己悟不到这些教育理念；小时候在园里画画，雨滴排着队形整齐划一，透着一种倔强的认真，老师没有纠正我；做手工时，追求完美是用时间换取效率的，老师没有催促我；依稀记得园长妈妈特意提到，慢也是一种可贵；后来的学习生活中，我一直能坚持和认可自己的节奏，或许就是幼儿园里的宽容让我在“慢”中守住了认真和专注。

幼儿园每一位老师都和蔼可亲，没有惧怕，没有距离感，这是留在我记忆里最好的师生关系。从入园时黏着的巍巍老师、认可我内敛性格的张老师，到总喜欢抱我的莉莉老师、教我钢琴的刘老师、美丽的大眼睛老师，她们都非常有耐心，平时的相处中透着一种亲和，传递出她们对自己职业的喜爱。幼儿园时期这段和谐的师生记忆，这种早期的友善、温暖描画出了我人生中人与人之间关系的底色。

幼儿园时期的华欣怡

毕业典礼的时候，我参加了两个舞蹈节目的排练，是周冉老师、大眼睛老师带着我们跳的，其中一个舞蹈是印度舞，至此开启了我和印度舞的缘分，一直坚持到初中毕业。有时候起点就是这样不经意间走进了我们的生活，每个人身上的先天优势不一样，是幼儿园的舞台灯光让我有机会发现了自己的闪光之处。

很怀念那段最无忧的童年日子，很想念花草园里的园长妈妈，很感谢幼儿园带给我的这些幸运、成长与收获。

很多年之后，当我越来越多地听到一个词时才恍然大悟，哦，原来当时我在幼儿园学会的是“尊重”。

高考完的那个暑假，在给房间大扫除的时候，我看到了幼儿园的毕业相册。很多埋藏在角落的记忆被翻了出来。一个小女孩龇牙咧嘴，看起来下一秒就要号啕大哭了，旁边是巍巍老师拿着喂饭的碗和勺子，笑得很从容。听起来有点违和，但看着却很真实，真实到一瞬间把我拉回那个被耐心对待的年龄。这里的老师，她们不会因为你爱哭而恼火，不会因为你穿衣服拖拖拉拉而不耐烦，不会因为你不适应新环境选择躲在桌子底下而硬生生把你拽进人群。她们会笑着看着你，好像你只是一个误入人间还没有掌握规则的小天使。她们让我相信，每一个孩子都是值得被尊重的。

长大后，我磨蹭又爱追求完美的毛病毫无改进，甚至变本加厉，我还是那个“速度和质量不可兼得”的我。我曾无数次收到“完成度是不错，但速度也太慢了吧”“就是个小事，不用这么认真”诸如此类的评价，但很奇怪，我从来没有质疑过自己的这个特点。有一天读到了在网络上盛传一时的时区理论：“世上每个人本来就有自己的发展时区。所以，放轻松，你没有落后也没有领先，你在命运为你安排的属于自己的时区里，一切都准时。”于是又想到了那个在幼儿园画画时把雨一滴滴排成队的小女孩，那个做手工时为了精益求精总是拖到最后的小女孩，那个会因为不满意全部擦掉重新来过的小女孩。我没有被指责，没有被催促，也没有被嘲笑，我只是感觉到了慢也是一种可贵。

于是，我好像一下子明白了幼儿园到底教会了我什么。原来，我之所以看不惯很多父母对孩子非打即骂，看不惯很多老师对学生呼来喝去，看不惯好好活在自己时区的人被旁人指指点点，是因为在很多年以前，当我还很小的时候，一颗叫“尊重”的种子已经被种下。

女儿在这里收获了最宝贵财富——“找到自己的节奏”

史雪飞 2009 届毕业生华欣怡妈妈

接到幼儿园的约稿，我浏览了给女儿记录的博客。从入园到上大学共 16 年，这是我有生以来坚持最久的一件事情。是妈妈这个角色赋予我力量和韧性，更是当年与幼儿园网络互动过程中的一份启发。翻看起那段日子，幸运、感动、美好充盈着我的内心，毫不夸张地说，截至目前，在女儿整个教育链上，学前教育这一段，理念最专业、教育最到位、生活最无忧、与老师互动最频繁，没有之一。

女儿是插班入园的，适逢我即将去国外学习，园里人性化地同意了我们的7月提前入园申请，只为孩子能够在妈妈离开之前顺利度过自己的“第一道坎儿”——入园焦虑。巍巍老师在这个时期对孩子和我的影响最大。女儿紧张不安的时候，是她的拥抱抚慰了孩子。在我坐卧不安的时候，是她及时的照片如同延伸的眼睛，让我看到了孩子的逐步适应。很快女儿入园用飞吻代替了哭啼，我开始头疼如何面对即将到来的分别。巍巍老师在家访之际很智慧地帮我出主意：思念不一定意味着痛苦，也可以是美好的期待，告诉她下雪的时候妈妈就会回来了。按照这个思路，我给女儿提前打“预防针”——穿上那件有绵羊图案的冬服，妈妈就回来了。尽管做了一些准备，离开当天，女儿哭着要穿那件棉衣，以为这样妈妈就可以不走了，最后是那个美丽的画面安抚了女儿：记住，不管妈妈走多长时间，飘雪的时候肯定会回来的。告别的那一刻，女儿飞吻和我说再见。今天回想起来，是巍巍老师的专业智慧引领我搞定原本撕心裂肺的分别场景。

女儿从入园时的恐惧哭啼，到毕业时的自信微笑，四年来女儿所经历的丰富课程和精彩活动都存储在“云端”，积累在家长心田，更是给孩子们的生活中刻下了永久的印迹。从春天摘桑葚到夏天采葡萄，从秋天一起秋游到冬天观赏雪景，从元旦的礼物到新年的民俗庙会，从端午节的粽子到中秋节的月饼，孩子们都一一走过。他们体验了活动中的快乐，在懵懂中接触着文化精髓，家长则感受到活动背后老师们的创意和辛勤的付出，更加体会到理念从口头的空泛行走到地上的那份用心！

四年来女儿所发生的变化、经历的成长以及和园长、老师相处的点滴故事都在网络永久地记录着，回想它们，不由让人感慨万千。除了默默流动传递着爱的这份情感，我更深的体会、更想表达的是一种幸运。因为作为家长，我们亲身感受到了珍贵的、

华欣怡和妈妈

渗透着智慧的、温暖人心的教育理念：尊重孩子，让他们在自己的节奏中成长、更好地学会做自己；尊重家长，教会我们在实践中不仅身为父母，而且学会了怎样做父母。

无论是幼儿园一线教师的智慧，还是教育理念的从语言到落地，都离不开这个团队的核心人物——园长妈妈的一番心血。起初我一直是远远地、静静地看着她，从未主动有过交往，是幼儿园论坛的网络平台，让我们开始互动并结识。从第一次发帖感慨学前教师的不易、向园长妈妈请教有关性格的专业问题、给孩子们讲解机器人的情感，到园长妈妈在论坛的一次回帖（《给我注入“心灵力量”的重要“他人”》），我们一起认可：给孩子心灵的力量是宝贵的一份礼物，也是教育在追寻本质过程中最需要努力的地方。如何赋予这种心灵的力量？放在技术层面是不小的难题。这些网络“相处”的过程促使家长和幼儿园彼此启发、共同成长。女儿离开幼儿园的这些年，是园长妈妈始终坚持的教育初衷、深度思考、敏锐聚焦、用心凝练带领着团队收获了一个又一个丰硕的专业化课程学术成果和广泛的、良好的社会办园口碑。为幼儿园高兴的同时，我深刻地体会到：学着如何做父母，是女儿在园时期“植”在我心里的一颗“种子”，博客空间的坚持，使我时刻反思自己的教育，纠偏和持续改进自己的教育。庆幸的是，我一直在学习的路上进步着。

这个世界外面的声音很多，女儿在幼儿园里收获的最宝贵财富——自己的节奏，可以慢下来，守住认真和专注；茫茫人群中，不惧优秀围绕，做珍贵的普通自己。后来的初高中教育，女儿的学习之路一直没有让人操心，我们没有被裹挟在忙碌的课外班里，女儿依然稳稳地走过高考的“独木桥”。回头看，学前教育是“地基”，幼儿园带给女儿的这份坚定“底色”，会伴随她一生，这个意义上，我们一生都会感恩！

这么多年过去了，花草园的美好一直留存在我的心里

阙雨萌　幼儿园 2010 届毕业生

曾经的我也是花草园里小小的一员——即使那个时候这里还没有这么美丽的名字。虽然已阔别了多年，对于在花草园的生活细节我已不能一一记起，但是这四年的美好时光对我却是非常重要的。

在花草园中的生活，园长妈妈和老师们的教导为我未来的性格形成埋下了一颗小小的种子。虽然那时的我懵懵懂懂，并不明白这颗种子对于我意味着什么。但是历经十多年的成长，这颗种子已经生根发芽，逐渐长成一棵小树。花草园里的老师——我还能记得的巍巍老师、张蕾老师，还有其他我已经记不清名字的老师，她们通过日常的生活、游戏和一件件微不足道的小事，教会了我什么是勇敢，什么是坚强、坚韧，什么是不放弃。

我 5 岁开始学习游泳，不到两年就进入体校参加训练。自那时起，我每天至少要游两小时，从开始的每天游 3000 米到后来年龄大一些要游 6000 米。赶上体能课时，即使我只有七八岁，两小时的课程也是从跑 4000 米开始的，再进行种种有氧或无氧力量训练。那时候真的很累，但是我觉得既然我喜欢游泳，就要为我所爱的东西付出努力。虽然我并不梦想成为运动健将，但这个努力的过程让我更加坚强。

在幼儿园老师们的培养下，我的自理能力也很强。小小年纪在体校训练时，自己换衣服、自己洗澡、自己收拾东西，从来没有像别的小朋友那样今天丢泳衣、明天丢泳帽……不到 12 岁，我来到了异国他乡上学。开始姥姥姥爷很不理解，在小学一直都是"三好学生"的我，为什么要走留学这条路。妈妈很坚持，她说，人生在世，不是只有学习，人首先要明白自己为什么而努力，才会有努力的动力，才会坚持下去。留学不是逃避学习的压力，不论在哪里，

长大后的阙雨萌

想要取得好成绩都必须吃苦受累，没有捷径。她说，以前她也很迷茫，但是参加了四年幼儿园的家长会，园长妈妈的理念逐渐让她有了新的想法，她想让我成为一个“独立的人”。

留学的生活真的很苦，虽然前四年有妈妈的陪伴，但是要适应完全陌生的语言环境、学习方法、教育理念，太难了！我常常想哭。但那个时候，我知道，我必须坚强，克服困难、闯过去。一年后，我跟上了同学的进度。两年后，我已经在一些学科中超过同龄同学。到高中毕业时，我不仅拿到了高中一些学科的奖学金，还收到了多所新西兰大学的录取通知和奖学金，最终进入奥克兰大学读书。学习的过程真的很辛苦。为了能拿到好成绩，我提前预习一周甚至两周的课程。老师上传到网上、自愿完成的复习资料，我每一份都要做完，每一题都要弄懂，不明白的就给老师发邮件请求解惑。老师批改完的写作作业，即使在老师那边已经通过了，我也要再反复练习。特别是后两年，妈妈带着弟弟回国了，一切都要我自己操持，包括自己做饭。但是没有一滴汗水是白流的，坚韧和不放弃已经成为我血脉中的一部分。

由衷地感谢花草园的园长妈妈和老师们曾经种下的那一颗小小的、坚韧的种子，它破土而出，茁壮成长，帮助我度过了人生中一次又一次的挑战！真心地爱你们！

即使我们不在一起了，也像在一起一样
——致我最亲爱的花草园

徐梓然　幼儿园 2013 届毕业生

我叫徐梓然，是在花草园长大的孩子。今年 15 岁，是一名九年级的学生，正在如火如荼地准备中考。我在花草园度过了三年半的美好时光，接到巍巍老师留的这份作业，我陷入满满的回忆之中。掐指一算，此时此刻的我，居然离开花草园已整整九年了。我的身高已有 180 厘米，心智也俨然成熟了一大截儿，算是个男子汉了。

花草园，我记得这里的一切。美丽而全能的老师们，笑容可掬的园长妈妈，会做糖醋排骨的梁师傅，小眼睛的保安于叔叔，

徐梓然

还有保洁小贾阿姨………特别记得，小时候胆子不大，整天喜欢在益智区安静地玩，做事情都先观察别人，然后才慢吞吞地跟着做。那时候我是一个“慢热型”的孩子，毕竟男孩子太内向不太好。为了突破自己“害羞、内向”的瓶颈，我也鼓起勇气，在老师的带动下努力改变着。特别记得大班时，在巍巍老师的鼓励下，我大胆尝试挑战了一下竞选小班长。其实那时候是轮流当班长的，就是为了让小朋友们都有展现自己的机会。我那时候跟班里的小乔是好朋友，他是孩子王，协调能力强，班里男孩女孩都喜欢他。我也很想像他一样棒，于是开始认真观察他的优点和长处，比如爱劳动、活泼、助人为乐、爱发言……因为经常在一起，慢慢地我也受到他的影响。其实我们是相互影响，我爱思考、沉着冷静、遇事不慌有主意的特点也很明显，于是我决定也去竞选班长。那一轮，我们是竞争对手。我认真准备，那天我们票数一样多，后来因为只能有一人当选，我就跟投我票的几个好朋友说：“咱们这次把票先给小乔吧，下次他的好朋友也会把票投给我。”哈哈，我一直记得小朋友们看着我并认真点头的小眼神儿，以及好朋友小乔热烈的拥抱和满脸的惊喜，这也许就是童年最最纯洁的信任吧。

这次大胆尝试，让我体会到友谊的力量和尝试成功后的喜悦，让我记忆特别深刻。后来在小学、初中，我经常主动参加校内外各种活动，在中国科技馆当小志愿者做了 60 多个小时的义务讲解，还在 2017 年、2018 年的两次全国科普日中接待国家领导人。我突破了自己，更自信开朗了，原来获得别人的认可是那么快乐的一件事！

我现在正在全力以赴备战 2022 年中考。好怀念花草园的幸福时光啊！羡慕你们——我亲爱的学弟学妹们！人都是要长大的，长大后有长大后的快乐和无奈，珍惜每一刻就好。

最美好的时光一直在我的心灵深处。让我怀着一颗感恩的心，带着一份对生活的向往走进美好。

这是一个有风骨、有灵魂的幼儿园

张琦 2013 届毕业生李泽熙妈妈

李泽熙 2009 年入园，距今已是十多个年头。岁月的流逝沉淀了记忆，很多日常如大浪淘沙般渐渐淡去，留下的亮点在脑海中镌刻得愈发深刻。园长妈妈、佳佳老师、莉莉老师、魏老师、于师傅、梁师傅，不仅这一个个名字能脱口而出，他们的声音、动作、神情也在记忆里一触即发。仿佛昨天，我们刚刚在花草园挥手说过再见，而明天，还会像老朋友一样彼此道一声“你好”。

2009 年的幼儿园，已是家长心目中的标杆和圣地。园长妈妈一直有“按自己的节奏呼吸与思考”的育人哲学，带着天人合一、道法自然的超脱意味。想必正是尊重了孩子们的节奏，从孩子的视角出发看世界，花草园的活动总能带来惊喜和感动。寻找加西亚、畅游日、户外自助餐……身为老师的我常常被这样的设计折服，希冀着自己的课堂也能有如此的灵感和魅力。我深知只有深度的参与、心灵完全的敞开，才有最充分的习得。知识是表层的，传授知识绝非教育机构的终极追求，让孩童感受真实的情绪、渐渐懂得和自我、自然和世界相处，才能直达教育的内核。

虽然孩子离开幼儿园很多年了，但我依旧密切关注着花草园，公众号的每一次推送都充满灵性与温暖。花草园在我的心目中，是一所有风骨、有灵魂的幼儿园。

李泽熙和我（右一），摄于花草园 15 年园庆活动上

这是内心深处积蓄了很多能量的地方

赵瀚宏 2014 届毕业生

我是赵瀚宏，目前就读于中国人民大学附属中学早培班，是曾经沐浴在花草园的阳光里、在老师们的呵护中茁壮成长的幸运儿。记忆中的花草园有铺满院子的明媚阳光，有摇曳在枝头的桑葚和紫葡萄，有爬满了楼体的牵牛花，有池塘中自由自在的小鱼，有雨后伸展懒腰的蜗牛和楼顶我们亲手种下天天盼望长大的绿油油的蔬菜。花草园给了我美好、自由、充盈的童年，它满足了我很多的好奇心，也为我幼小的世界播种下了无数好奇的种子，在我的成长过程中不断萌芽、生长、壮大。每每想到花草园，还会想起很多笑脸：园长妈妈明媚的笑脸可以击退一切烦恼；老师们温暖的笑脸让我安心和愉悦；厨房师傅亲切的笑脸让我仿佛闻到了爱吃的美味佳肴；于师傅淳朴的笑脸让我们觉得他为我们守住了这一方童话世界。

有时候妈妈会问我：“还记得花草园的事情吗？”当然了，太多了！到今天我还记得老师带着我们做的科学小实验，我看到纸消失在水里的神奇、惊讶和我手上沾满纸浆真切的感觉，我想那是幼小的我第一次用手触碰到了科学吧。

赵瀚宏

这让我对科学世界无比渴望。于是我开始从书本中，从老师带领我们动手做的各种体验中，从花草园为我们请来的家长的分享中寻求更多的答案。我还记得同学妈妈来幼儿园给我们讲述牙齿的知识，我知道了牙齿的结构、牙齿的数量，以及牙齿与遗传到底有没有关系。同学爸爸告诉我们城市是怎么建设出来的，芯片对世界的改变……老师们总是有很多有趣的科学启蒙小活动，还邀请来自不同领域的热心家长给我们分享，那时候有着无数个“为什么”的我们找到了很多恍然大悟的答案。

花草园能满足你的一切：听风观雨，触摸自然；科学启蒙，打开好奇心；风俗文化，增强底蕴；美食厨艺，享受生活……这些童年在花草园的美好，在我的内心深处积蓄着源源不断的能量，陪伴我在成长的路上不畏挑战，勇于探索。

梦回花草园

刘明赫 幼儿园2014届毕业生

柔和的春风拂过面颊，走在清灰的石砖路上，再次看到了梦想开始的地方——我的母校中华女子学院附属实验幼儿园。

幼儿园门口的桑葚树下，曾经发生过很多很多的故事。有迎新送别的故事，有花前月下的故事，有树下蜗牛的故事；有欢乐的故事，也有悲伤的故事；有我最怀念的花草园中的花花草草的故事。花花不是花，草草也不是草，花花和草草是我们园里的两只熊猫兔，它们和我们一样无忧无虑地生活在花草园中，它们幸福可爱，还生了一堆兔宝宝。

园内每周五的畅游日，小伙伴们无忧无虑，欢声笑语。这欢声笑语经常能从园内穿越到园子外面，仿佛一股清泉，沁人心脾，让园子外的人也能感受到园内的欢乐。

刘明赫

现在的我穿着初中生的校服，心里装着各种要交的作业和考试，物理、数学、语文、英语……走在校园门口的马路上。这马路上，人来人往，人声鼎沸，川流不息。这园外行人的脸上，没有园内的人那种清澈和纯洁的笑容。焦躁和忙碌挂在每个行人的面孔上。在我看来，他们就像是提线的木偶，笼中的鸟。他们完全陷入自己琐碎的生活和事业里，被生活和事业控制着，日复一日，年复一年。没有自己的思想。那本应清澈的眼中呈现的是浑浊，迷茫和苟且。

一个人真正的成功，不是权力、金钱与爱情……这些外在的价值标签，而是心里有一块可以自由耕种的“土地和田园”。

给自己留下一点空间，让生命自由绽放的空间，就像我自由快乐的花草园。在我的“土地和田园”里，在我的花草园里，能寻找到人世间的真诚、善良、美好。

这些思考不是坐在房间里读圣贤书、记下笔记总结出来的，而是我在经历、游玩世界大好河山后的感慨。我有一个游遍世界的梦想，梦想开始的地方就是我的花草园，感谢我那自由快乐的花草园。

懂孩子比爱孩子更重要

刘云强　2014 届毕业生刘明赫爸爸

转眼，儿子已经从中华女子学院附属实验幼儿园毕业十年了。现在是陈经纶中学八年级学生，正处于青春期。

胡老师给孩子“留白”的这个提法，应该是在我们那届孩子中班的时候提出的，印象非常深刻，转眼就践行这么多年了。

十多年后，再复盘胡老师当初为孩子们的思考、为孩子做的事情应该更有意义。

胡老师像一位睿智的哲学家。这么多年，我们那一届家长应该是践行胡老师的理论做得最好的一届，家庭与幼儿园密切互动。到今天，我们一直在和幼儿园有密切的联系，进行着双向反馈。

家长课堂上，胡老师一句话就让我们醍醐灌顶，影响至今。比如：懂孩子比爱孩子更重要；别让对孩子的期许超过对孩子的爱；基于爱，我们做父母的要用智慧的方法让父母的爱和这个生命做最好的联结。

当年幼儿园定期召开家长课堂，胡老师主持，家长们通过育儿理论学习、育儿知识储备来呵护生命的健康成长。十多年后的今天再看当初的储备，备感欣慰。

中国爸爸表达爱都很含蓄，受胡老师的思想深刻影响，我对儿子的爱表达更直接。到今天孩子的声音也变了，身高也超过我了，我依旧会不经意地说：“刘明赫，我爱你！”习惯了，一点儿也不觉得腻歪。我和他的关系张弛有度，有严有爱，亦父亦友。

时至青春期，我们的话说得少了，彼此感受却一点儿也不少。

在幼儿园阶段，我们装满了如何爱孩子、如何高质量陪伴孩子的很多基础知识。青春期来临，我们的相处显得更融洽从容。遇到问题会多从他的角度来理解他。人和人之间的误解、冲撞、矛盾一直都会有，更不要说固化思维很严重的我们和快速发育成长过程中的孩子之间。懂得孩子成长过程中的一些密码后，孩子成长中的很多问题迎刃而解。解锁的密码在我们父母这里，而不是孩子。更多的误解，冲突来自我们彼此的角度和认知。作为父母，我们需要随时更新知识，动态地看待孩子成长中的问题，拓宽我们认识世界的角度，提高我们自己的认知。

青春期的孩子知识面广，知识吸收快，对世界的认识不比我们成人差多少。同时，他们非常敏感，父母和孩子相处需要更多的耐心和智慧。

懂孩子比爱孩子更重要！陪伴孩子的过程也是父母自我成长、自我修炼的过程。回顾陪伴孩子的这些年，孩子如初春之苗不见其长，日有所增。不管我们是有作为还是无作为，孩子都在悄然地按照自己的方式成长着。

这十多年陪孩子读万卷书没有，但行万里路一定是有了。在路上我们有共同的爱好，有不同的意见和分歧。但我们彼此宽容，相互尊重，以他能理解的方式去爱他。践行胡老师的理论，种子埋进去后，给孩子“留白”，少说多做、多感受，让成长的力量由内到外迸发。

回忆点点，向光而行

沈昶 2015届毕业生沈奕橙爸爸

有好多回，看着沈奕橙的背影，努力想把他和记忆中的小胖娃娃做对比，看着他超过180厘米的个头大步流星地走着，要从中找到胖娃娃的痕迹真是太难了。努力回想，希望从微小细节上找到关联，往往此时，花草园就会是记忆中故事的发生地。

说起花草园，总是能唤起许多美好回忆，不仅因为它别致、美丽，更因为它是有灵性的生命体，并且在不断发展、演化。

花草园教会了孩子热爱生活，学会探索。

自点点入园起，探索花草园便是他最喜欢的活动之一。平时放学后、家长开放日、庙会游园活动，稍有机会，便和几个小伙伴一起，到处探索、玩耍。楼顶花园、滑梯、小池塘、厨房、医务室、传达室，好像整个花草园没有他不能去的地方。除了玩耍，他还认识了看门的于师傅，为孩子们做各种美食的厨师们，还有保证花草园每天干净整洁的保洁阿姨。在花草园，认识每一位园丁是理所应当的，小花朵们能感知到每一位园丁的辛勤劳作。一切动的、静的元素有机地组合在一起，凝聚成了富有生命力的花草园。

花草园教会了孩子独立面对问题，学会坚持。

花草园没有像其他学前机构那样让小学化的课程内容侵占孩子们欢快的童年。相反，这里在“生活即教育”的理念指引下，将生活的点滴融入日常的课堂：了解垃圾分类、了解交通规则、学酿葡萄酒、学炒菜、做点心……在学习的过程中更注重启发式教学，给孩子创设独立做事、独立思考的环境，培养孩子独立解决问题的能力。孩子们还学会了很多本领：跳绳、前滚翻、拍球等。在班级比赛中，点点连续200多个前滚翻，1500下拍球，通过层层遴选赢得毕业典礼小主持角色……所有这些，从不会到会，再到坚持完成，花草园教会了孩子只要努力就能有收获，只要坚持就能不断突破自我。

花草园教会孩子热爱集体，学会与人相处。

花草园是开放包容的，通过各种团队合作、精心设计游戏变着法地领着孩子们玩。点点喜欢畅游日、枕头大战、泼水节、新年大庙会……花草园在点点心中是永恒的。那里有他记忆犹新的“建筑区”，和小朋友一起搭的城堡，玉洁老师会保留很多天；有他和小朋友蹲在洗手池管道边听“流水”的声音；有他和小朋友一起分享好看的绘本；有他和小朋友在幼儿园过夜，一起打败黑魔王……轻松愉悦的玩耍，让他们很好融入了温暖的集体，也学会了对集体的热爱，点点在花草园结交了很多“侠肝义胆”的好朋友。

从花草园走出的点点，带着对生活满腔的热爱和对周围满满的好奇心走过了小学，走进了中学。小学时，点点是班里最热衷于班级事务的，因为有不少同学放学要坐班车，傍晚没法留下值日，点点可以一整个学期天天帮助打扫教室卫生，可以把班级的拖把桶刷得干干净净；为了解决班级课桌与个人身高不匹配的问题，二年级的小不点儿独自去学校总务处借来螺丝刀，把班里的桌子按个人身高调了个遍；为了能上到他喜欢老师的课程，在名额满员的情况下，点点抱着试试看的想法主动找到任课老师表达了想听课的意愿，老师愉快地欢迎他加入，此时点点还不忘带上他的一位好朋友；在平行班举行足球赛时，充当守门员的点点可以为了守住球门不惜用脸去挡球，在老师告诉家长孩子脸有些肿时，点点却一阵遗憾地说还是让对方班级进了好几个球。

六年的小学生活转瞬即逝，点点现在已经是初一的大孩子了。初一第一学期，学校发起“变废为宝——收集废旧塑料瓶”的公益活动。短短两个月，点点所在导师班一共收集了1000多个瓶子，远超其他班级，是全校收集瓶子最多的。导师告诉我们，点点是这次活动的带头人，为此还获得了学校颁发的“特殊贡献奖”。大家很诧异，同在一个学校寻找废旧塑料瓶，为何点点和他的伙伴们能收集更多？他自己总结经验，那就是要对校园特别熟悉，如操场远端的角落、教学楼各个隐蔽的地方、食堂的厨房后院等，带着“探索花草园般的热情”，课余时间他把学校转了个遍，全校多少个垃圾箱，哪些角落容易落下空瓶子不易被发现，这些信息对于本次活动显得特别有价值。点点带领伙伴们正是按这条经验来判断行事，自然能收集到更多的瓶子了。

七年级的点点，身高超过了爸爸，成人的外形下却装着一颗童真的心，同样有着青春期少年共同的烦恼和困惑，同样经历着这个年龄带来的困难和挑战。作为父母，经常和他交流、共同回忆花草园的点点滴滴，回望愉悦的童年生活，希望他伴随着无限的心灵成长，感受心中美好，汲取力量去迎接挑战，勇敢而坚韧地向光而行。

沈奕橙（右一）和好朋友，摄于花草园大门前

花草园是她最爱的地方

秦蕾 2015届毕业生王子旲妈妈

妞妞小时候真的是个“自由奔放”的孩子，老师们费了不少心。我曾经担心，怕妞妞上小学后坐不住。但是仿佛一下子长大似的，妞妞现在是老师心目中的乖学生，成绩优秀，连续三年被评为“朝阳区美德少年”，目前是陈经纶中学嘉铭分校的初一学生了。

每次路过“花草园”，妞妞都会在门外张望一会儿。当我问她幼儿园里最难忘的事情是什么，她笑着说，小时候她觉得“花草园”很大很大，每一个角落都可以成为“基地”；她记得院墙上蜗牛慢慢地爬呀爬，她和好朋友心心一起数蜗牛，结果越数越多；夏天时穿着雨衣一起“打水仗”，冬天时一起“打雪仗”，可以“放肆”地玩，太开心了。她记得中班的时候，上厕所不用蹲便器，玉洁老师依然允许她去小班上厕所；记得当她遇到不喜欢的课或者不高兴的时候，总跑出教室玩，玉洁老师会跟在后面到处“抓”她，但从来没有苛责过她；和另外三个好朋友一起组成“四大天王”到处捣蛋，李老师也总是笑着叮嘱她们注意安全。她记得午饭后玉洁老师和李老师会带着她们“晒太阳”，在花廊下面听《窗边的小豆豆》，虽然不太记得内容了，但是依然记得那些情景，阳光真好啊，感觉在幼儿园度过的每一天都是阳光灿烂的。尽管已毕业多年，但是她依然会唱园歌“成为我自己，我们在一起，按自己的节奏思考与呼吸”。

花草园是她最爱的地方。胡华园长和玉洁老师从未因为妞妞的任性和独立去限制她，更多的是采用聆听、对话的方式从各方面引导她，引出孩子内心的智能。我记得玉洁老师经常组织“我喜欢我自己”等小主题讨论，让孩子们建立自信，鼓励

当年的妞妞和我

孩子们敢于表达自己。时至今日，妞妞从来都是自信满满地发言、参与辩论、参加话剧表演并取得了优异的成绩，我想这些成绩都源于她在幼儿时期建立了充分的自信。在花草园，她的兴趣、个性都被一一欣赏与接纳。假若被教条式的教育强制“板正”或者参照“乖孩子”模板去限制她的个性，我想她不会成为现在这样如此阳光的孩子。

记得毕业时，胡园长紧紧抱着妞妞轻轻地说：“在这里被百般疼爱的你，上学后会是什么样子？”真的很让我感动。胡华园长深深地疼爱着每一个孩子，王洁老师用心地呵护每一个孩子，妞妞真的是集“百般溺爱”于一身地度过了三年美好的时光，“做最好的自己”理念会一直伴随着她长大。

我们在花草园学到了什么

王乐鹏 2015 届毕业生王桢爸爸

2012 年进入花草园婴班的顺顺现在是北京市三帆中学裕中校区七年级的学生，比他小八岁的弟弟二顺又如约来到花草园。

在顺顺的童年回忆里，花草园的水仗、桑葚酸奶、“六一”儿童节的自助餐……总是充满了怀念、兴奋、意犹未尽。而作为家长的我们，与花草园也不仅仅是幼儿园与幼儿家长的关系，依然是已毕业心仍在的万千牵挂在她身的状态，因为我们也在花草园成长，进入与孩子相处的另一个层次与境界！

当年初为人父母的我们，关于幼儿养育是凭着热情和经验进行的，直到进入花草园，胡园长带着花草园的老师们围绕“三个联结”给孩子和家长开展的系列生成课程深深震撼了我，原来孩子和我们、和这个世界有着这么深层次的、这么丰富的内涵！这三个联结不仅仅是孩子们成长的必需，也是我们这些成人身心健康生活的保障！

与自然联结。有效地将孩子带离钢筋水泥的都市森林，回到“大自然”这个“最好的老师”身边，在快乐玩耍的同时，让孩子真正得到应有的成长。繁忙的工作之余，周末和孩子在郊外的嬉闹已经成为常规，带着孩子在自租菜地感悟劳动的辛苦，品尝栽培和收获的乐趣。干农活是有治愈效果的，每当身体疲劳，抑或心里有什么纠结的时候，只要走进菜园，在地里干干活儿，看到那满园长势旺盛的蔬菜，看到那青翠欲滴的青菜，什么疲劳和烦恼都随之烟消云散了。

与家庭的联结。在花草园的学习中，花草园相当多的时间都在帮每一个家庭和孩子们完成一个深度联结。作为一名医生，真切地发现成人好多的身心问题，真的是来源于与原生家庭联结的“断链”，特别是父亲作为“太阳”的照射，更是在家庭不可缺失的。

在中央电视台“七巧板”唱响《大大的梦想》

与自我的联结。2015 年，在大顺毕业之际，我有幸和大顺一起参与了花草园园歌的演唱，“成为我自己，我们在一起，按自己的节奏思考与呼吸……”这首歌时常萦绕在我的耳边。生命因成为自己而变得精彩，也只因做真正的自己而更加充实。人生不同阶段有不同阶段的美，成为我自己定会创造一个又一个辉煌的篇章！

花草园是精神家园，是人生的转折地……

肖宏文 2015/2021 届毕业生肖书妍、肖中行爸爸

在老大进入花草园之前，我就是一个育儿小白。那时候大体上就觉得孩子是一张白纸，家长有责任给她绘好蓝图，做得不对要批评，该严格要严格……直到进入花草园，遇到了胡园长！

胡园长一再地告诉我们家长对孩子的原则：无条件的爱、陪伴、悦纳、尊重、向孩子学习，每一个孩子都是独一无二的，支持孩子成为他自己！让孩子在自然中学习，在生活中学习……

这些新颖的、鲜活的思想一下子就种到了我们这帮家长的心里。原来育儿的天地如此广阔，不学习会成为育儿上的白痴。后来，当我做了儿童阅读推广工作，了解了做家长的五个层次——愿意为孩子花钱，愿意为孩子花时间，愿意为孩子学习，愿意为孩子改变，愿意支持孩子成为他自己。我才幸运地发现，这些我们在这里全得到了。

花钱不必说，中国的绝大部分家长都能做到，但花时间就未必了。很多家长忙工作、忙应酬，甚至忙游戏，在胡园长的倡议下，我们班上的爸爸们甚至比妈妈们还积极，一周一小聚，两周一大聚，到现在还是非常好的哥们。小朋友们也是如此，这家吃饭，那家睡觉，都是常事。

说到学习，幼儿园成了我们新的大学。胡园长将她的学习所获、观察、心得发到博客或幼儿园内部网络空间上，大家在积极学习、转发、评论。班里也经常会举行班会，学习讨论共勉，曾记得一篇《牵着一只蜗牛去散步》引得无数妈妈落泪。花草园的学习是带着案例、带着体验、带着孩子和我们一起在学习，那就是做中学！

孩子可以在自然中学习。花草园就是一处世外小桃源，白墙、青砖、葡萄架、大树、花圃、沙坑、小鱼塘……孩子们可以玩泥巴、玩沙子、玩水，看小鱼，养兔子，摘桑葚，搭树屋……

孩子可以在社会中学习。花草园四季皆有序，春种夏长，秋收冬藏，研发新课程，帮孩子们了解生活方式及来龙去脉；邀请家长们入园分享，了解一个行业及其意义、发展。花草园里处处皆是仪式感。小节不断，大节更是全体师生家长出动。一年一度的新年庙会群英荟萃，各地美食、活动精彩纷呈：猜灯谜、写对联、做花灯、摔跤、跳民族舞、吃火锅和各种小吃……热闹的年味给孩子的是生活的气息，给家长的则是感动和榜样。

知易行难，但有了花草园的触动，家长们行动起来也就自然了。周末自发地组织出游聚会，和孩子一起制作各种道具模型。我印象深刻的是给老大做了一套自家的房子，给老二做了一座小桥，仿佛自己也回到了儿时。陪孩子的成长也是自己的成长。

“成为我自己，按自己的节奏呼吸与思考！”这是花草园的精神，也是做家长的最高境界。在花草园，每一个孩子都被尊重、被看见、被接纳、被鼓励，他们知道自己是独一无二的，是值得

肖书妍（左二）、肖中行（左三）与爸爸妈妈

被这个世界赞赏的孩子。所以，这也鼓舞着我们家长去发现孩子的闪光点，去支持他成为他自己。

老大在花草园爱读书、爱思考、爱表达，所以在她上学后也是“不羁爱自由”。虽然也有碰壁之时，但自己也收获很多：作文荣获全国叶圣陶杯一等奖；自己写剧本并荣获北京市科普表演一等奖（团队）；辩论当过学校最佳辩手；她的梦想是成为医学家，在生物学上表现出浓厚的学习兴趣。

老二性格温和，在花草园就是矛盾冲突的“调和大师”，上学后也是如此，爱读书，善讲故事，是大家心中的阳光天使。

童年的力量是我们每个人一生的力量！如果说家庭、校园是土壤，那么花草园宛如阳光，给了我们温暖、能量和方向！

我们都爱花草园！

怀念我的幼儿园

杜安澜　幼儿园2017届毕业生

五年级的学习快要结束了，我很快就要升入六年级了。也就是说，我从幼儿园毕业差不多有五年了。这五年里，我经常想起我的幼儿园，我很怀念它。

我的幼儿园名字很长，记得最开始的时候，小朋友们都要很费力地背会它的名字：中华女子学院附属实验幼儿园。后来，在我快要从幼儿园毕业的时候，它有了一个简单好听的名字：花草园。每一位老师，也都有自己的花草名字。感觉很新鲜，很有趣，就好像我们都变成了大自然的一部分。

花草园里有葡萄架，有楼顶花园，有小树林，但是其实花草树木并不是花草园最吸引我的，我最喜欢的当然是院子里的树屋！很多很多小朋友也都和我一样，喜欢这个树屋，那是真正的树屋，建造在大树上的！上一年级的时候，我还回去过一次，回到那个树屋里爬进爬出玩了很久。除了树屋，还有大滑梯、小滑梯、攀爬架、各种可以骑的小车、小水系、小池塘……全都是我喜欢的。小池塘上有一座小木桥，是上大班的时候，我爸爸带着我们班的小朋友们亲手制作的！我们用了大半天的时间才做好。用木锯把木条锯成合适的长度，再用钉子把木条固定好。小桥做好之后，我们都很喜欢在桥上走来走去，毕业合影的时候也在那里拍照。我很想知道那座小木桥现在还在不在幼儿园的小池塘上？

花草园的生活跟现在的小学生活完全不同。我记得在那里的很多快乐时光，记得那种放松自在的感觉。我记得有一次，我们在楼前的小水系里放小纸船，看谁的纸船漂得最远；还有一次在幼儿园的楼道里捉迷藏，我们就快要被别人找到的时候，我就带着小朋友们一起躲进了医务室里；我还记得我们的跆拳道老师曾带着我们去外面的一个广场表演跆拳道，前不久路过那个广场的时候我还能认出那个地方。毕业之前，有一天晚上我们就住在了幼儿园里，那次经历太独特、太让人难忘了！当然还有最难忘的毕业典礼！我们穿着很正式的服装，领到了很正式的毕业证书。领证书的时候我忍不住扑到了园长妈妈身上，园长妈妈就顺势把我抱了起来。后面的小朋友们就都开始学我的样子，于是每个人领证书的时候都被园长妈妈抱了起来。

在花草园，学习并不是任务，但是在每天的玩耍中，我也学到了很多东西。小到上厕所、用筷子这些小本领，大到一些做事的规矩和道理，比如不能打人，和别人相处要大度。我记得刚刚上一年级的时候，我很不适应小学，总想回到幼儿园去。因为小学的规矩很多、很严格，老师也不爱笑，我总觉得很紧张、很有压力。现在我早已经习惯了小学的日常生活，但我仍然经常怀念幼儿园。我妹妹正在上幼儿园，可惜因为我们搬家之后离得太远了，我妹

杜安澜

妹只能去我家附近的幼儿园。她每次跟我说起幼儿园有哪些好玩的地方，我就很想让她也见识一下我的花草园。一个有树屋、有池塘的幼儿园，一个能让我们毕业前住一晚的幼儿园，一个在我心里最好的幼儿园。

等到疫情过去之后，我希望还能再回幼儿园去看看，那里有我很多美好的回忆，在那里的三年是我成长过程中非常珍贵的时光。

我在园长的书中收获了美好

袁娟　2021 届毕业生程诺依妈妈

女儿暖暖已经从花草园毕业一年了，但是关于我们家和花草园的故事却一直没有停更。胡园长每周五的文章都是我的精神食粮，孩子在这三年里所收获的品质让我们整个家庭时刻都充满快乐的生活哲学。如果非要用一句话来说，我想一定是：感恩遇见美好的花草园，感谢成全“留白”的童年，让我们的亲子一场，相互滋养。

这些年，一直跟着胡园长的书籍和文章学习，我觉得自己整个人的精神状态和心态发生了很大变化，带来的是我的家庭、工作和生命质量的提升。现在的我，变得平和而慈悲，喜欢与自然和天地的联结，珍惜生命的温暖和润泽。

胡园长的书最大的特点是，她通过与儿童在一起生活时敏感而深厚的思考视角，将儿童的世界和情感平和地娓娓道来，用她对所有生命的悦纳、尊敬和爱，以及她对儿童、民族、文化深沉的信任和情怀，让我们看到孩子的童年是一个美好而独一无二的生命阶段。

程诺依和妈妈在花草园

这三年对我来说最珍贵的地方就是，让我学习了如何做一个母亲。生命进化最神奇的地方就是赋予女人一项神奇的能力——为人母，当我从一个女儿的身份转变为妈妈这个角色的时候，深深地感动于生命和孩子带给我的所有美好心理感受，是一份柔软与责任并行的修行，是一个对自己和生命"用敬"的过程，也是一个全新的研学过程。毕竟，不是每个人天生就会做爱人和妈妈的。在我们的教育体系中，我们在学校里花了十几年的时间都在学习语数外、数理化等这些"有用之用"的知识，但从来没有一个人告诉我们该如何在家庭中生活，该如何经营亲密关系、亲子关系。所以父母跟着孩子一起成长并学习是一件关乎自己和孩子生命质量的事情，也是一件无人可以替代的事情。我想花草园的生活化课程之所以让家长如此心驰神往，最重要的就是胡园长和老师们在自己的一方天地中一直都在用心和爱帮助孩子们守护童年，让他们"活得健康、明朗，将来无论他们是独善其身，还是兼济天下，都是未来社会的生活家"。

胡园长提倡家长要学会从自身的感悟中寻找教育智慧，她说，"当家长将这种智慧投射到与孩子的关系中进而影响孩子时，这是家庭教育中最理想的状态，更是最宝贵的资源"，我对此话深深认同，并在这几天亲身经历：没有当妈妈时，我就是一个原生家庭的内在小孩，带着从父母那里习得的行为生活着，自卑而急躁；当了妈妈以后，我开始看到自己身上的局限，并希望这些痛苦不要在孩子身上复演，所以我一直都在努力地去营造一个温暖科学的家庭环境。在上周之前，我都觉得自己做得很正确，为自己的不停奔跑而欣喜；但是几天前的一件事情让我对教育有了全新而深刻的认识。

上周三晚上，暖暖拿着学校的"五练"手册，说需要我帮她完成一个"____想对____说"的活动记录，她告诉我："妈妈，你帮我写，我想对于老师说：于老师，我很喜欢上课回答问题，但是我每次举手的时候心里都特别害怕，心脏怦怦地跳。我怕我回答错了你就不喜欢我了，我怕小朋友会嘲笑我，我不喜欢那种害怕的感觉，所以我现在就不举手了，但是我又特别想回答问题，我不知道该怎么办，于老师，您能帮助我吗？"由于今年二宝出生，我对老大的关心程度不够，这段时间都没有好好跟孩子聊天，当我听到这些话的时候我非常吃惊，看着她不停流下来的眼泪和哭肿的眼睛，我心疼不已。在跟她聊了很久后，我意识到问题挺严重的，他们的老师非常友好、和善，我在想是哪里出现了问题。第二天我决定给我女儿写一封信，看看能不能和老师一起帮助她走出这个困惑。在书写文字的时候，我发现这是一个我跟自己对话的过程，其实一切都是我的问题，是我力求完美的执念无形中给了她压力，让她现在不允许自己不好。我在信中写道：暖暖，在这之前我一直都有一个动力，那就是我一定要努力地学习和改变自己，不遗余力地为你创造一个完美的家庭环境，让你不要像我一样困在茧中，所以我接受不了爸爸跟我的想法和步伐不一致，一旦不同，我就会很愤怒，而爸爸也会很无辜，很无奈，所以我们就会在忙乱中吵架，这又更进一步地伤害了你。直到现在，我终于明白了，这个世界上完美是不存在的，就算真的达到了完美，那么我们接下来的生活还要再去到哪里呢？所以，暖暖，谢谢你“现身说法”地向我发出的信号，谢谢你让我看到自己的问题。对不起，是我在努力想让你自由、快乐、幸福的路上用错了方法，让你成为受害者。暖暖，你已经足够好了，你渴望被认可和有朋友都是你积极向上的体现，是每个人生命中天然而然的东西，你不需要做什么，是我需要改变思路，并陪着你一起去接纳生命中所有对的／不对的，好的／不好的，会的／不会的一切。这条路虽然不全是快乐，但一定会让我们更充实、更紧密。我要做的不是帮你避开一切痛苦和难受，而是在你真实的生活里陪着你走过那些好的、不好的时刻，找到那份跨越山河的成长满足感。

我记得胡园长曾在一篇文章里说过一句话：完美和美好是两件事，我们不能人人、事事追求完美，但是我们永远不能放弃对美好的追求。就这样，我打破了自己对完美的执念，并明白了父母的真实和接纳、陪伴和影响才是这段关系中美好的底色。

神奇的是，当我明白了这些，并在心理和行为上做出改变后，结合班主任老师的沟通和引导，我的女儿很快就走出了自己入学适应过程中的第一个困惑，并且特别享受上讲台讲题和读书了。我更惊喜地发现，有一个花草园毕业的“哲学姐姐”，你根本不用担心“争宠”“嫉妒”，因为她的社交能力和精神自足能力，让她有底气和力量去迎接这些生命中的小确幸。通过这件事，我也更加理解了胡园长为什么会选择生活而不是科学或者其他课题作为花草园课程的主线。我想答案是，生活化课程特别完美地融合了“感受与情感”“知识与认知”“动作与技能”三块基石，启动儿童脑、手、心的三维学习体验。胡园长说，童年决定一生，人未来的幸福感、成功感、学习能力都和童年息息相关。我的孩子通过这三年的生活化课程的学习，收获了一段美好永存心间的童年，并成长为一个对生活学习永远充满兴趣和热爱的人，相信未来她一定可以既能仰望星空，也能脚踩大地地自主学习、幸福生活。

成为自己，是花草园送给孩子的人生底色

张晓筱 2017/2021 届毕业生赵点乐、赵董妈妈

我们家两个孩子都是在花草园度过的美好童年，老大点点今年上五年级了，老二赵董今年也一年级了，我问他们：“幼儿园里最难忘的事情是什么呀？”他俩毫不犹豫地回答：“新年庙会！可以回答问题挣小纸条，拿着小纸条去‘花钱’，换好玩的、买好吃的，太快乐了！”

“第二个难忘的事情呢？”小董抢答：“是在幼儿园过夜，大家带着手电筒探险，太刺激了！”点点回答：“我最喜欢的是午睡的时候，老师说谁先睡着，明天午睡前的故事笑话分享就请他先回答，所以每次我都抢着睡。”

对于离幼儿园有五公里的家长来说，我们最难忘的自然是每天早接晚送的路上，听孩子一路絮叨他们幼儿园的点点滴滴。尤其是小董，每天都是睡着抱进幼儿园，偶尔一两天醒着自己走进去，门口的保健医和值班老师都会拍掌鼓励她。

如果说幼儿园带给孩子们什么特质，作为经历了两个样本的家长，我认真想了一番，带给孩子最重要的一点，就是做自己，成为自己，发自内心尊重自己而带来的自信。

每个孩子的节奏似乎都不太一样，明明一样的父母，一样的养育方式，哥哥上小学前，自己看电视就认识了所有的字，也学

会了很多数学运算；妹妹上小学前我们还特地买了识字的游戏应用软件，也带着读了不少绘本，结果识字量还是基本为零，数字也不会写……

可是，他俩上小学后，都是同样地自信。哥哥虽然做作业总是七零八落错误不断，但一直觉得自己特别棒，学习能力强；妹妹就更别说了，莫名的自信爆棚，这都一年级下学期了，回到家还和我们说：“老师今天又夸我了！”我问她夸她什么了，她开心地说：“老师夸我，下学期了还能把5写反，也是特别厉害呢。”

让我作为家长更为羡慕的一点是，他们都特别欣赏自己身边的同学。妹妹刚一年级，话总是特别多，每天回家都是叽叽喳喳地向我描述：妈妈，妈妈，我的好朋友安安写字特别好看，他还夸我写字能赶上他的一半了；妈妈，妈妈，我的好朋友祯祯特别厉害，她自己能读很多很多书；妈妈，妈妈，原先幼儿园我们一个班的Mia最厉害了，她不光个子最高，老师也总是表扬她……

我后来想，自己小时候似乎没有这么真诚地去欣赏和肯定身边的朋友，偶尔还会有小女孩嫉妒的小心思，但在他俩身上，这样的情绪特别特别少。我不由得夸小董：“你能由衷地欣赏身边的同学和朋友，小董格局比妈妈大！所以小董也很厉害！”但赵董并不这么认为，她很快乐地说：“我不厉害呀，我就是学校里很普通的学生。”她并没有因为自己普通而觉得沮丧，而是觉得，表现普通也是我自己，接纳自己的一切。

直到现在，我仍然记得花草园墙上的那句话：“成为我自己，我们在一起，按自己的节奏呼吸与思考。”在花草园时，可能还不能完全理解这句话；但离开花草园后，作为家长，我真正感受到了这句话的伟大。

毕业前和赵点乐（左二）及其他小朋友的合影

后 记

想大问题，做小事情

2017年，《给童年“留白”》写作完成。但我们的故事一直没有结束。因为孩子们的存在，这里总是有讲不完的故事……

故事还是要从2014年讲起。当时中华女子学院分管幼儿园工作的王京霞副院长来幼儿园探望我们。她对我说：“你们为什么不把幼儿园的探索写成一本书呢？留给自己，也留给他人。”是啊，这十几年间，幼儿园从无到有，从默默无闻到受人瞩目，这期间一定发生过一些故事。

近些年，我们陆续接待了一些全国各地来花草园参观学习的同行，他们问得最多的问题是：你们如何用十多年的时间打造了这样一所幼儿园？你们的生活化课程是如何建立的？为什么走进这里，总会令人产生一种幸福与感动？为什么这里看起来朴素无华，却又耐人寻味？这里的教师朴实无华，但却充满教育智慧，他们是怎样成长的？他们也很想知道：这个幼儿园带给孩子的是一种怎样的情感体验？孩子们和他们的爸爸妈妈是如何看待这里发生的一切的？

当然，我们的家长也很好奇：这个美好又神奇的幼儿园是如何运行的？在他们眼中，这里是有魔力的，它存于闹市之中，却能一直坚守信念完成教育创造；它又是神奇的，每天都会带给孩子们不同的惊喜。

两个孩子都就读于花草园的妈妈王楠曾这样表达过她的感慨：

这里是一个神奇的魔法幼儿园。

神奇一：这里的每一个人都把自己当作主人。一人、一物，都有自己的位置和价值，都被尊重，他们既能不争不抢、和谐共处，又能共同努力，使这片方寸之地在安静中繁荣着。

神奇二：这里每一个人都带着真诚与喜悦。每一位工作者大部分时候都是非常忙碌的，但任何时候都由内向外地散发着笑容、喜悦和善意，每个人身上都有一种特殊的感染力。

神奇三：这里的每一个孩子都可以按照自己的方式展开学习。他们没有被要求行动一致，没有被要求必须听从权威。每一位老师都能够看见儿童、听见儿童、记录儿童。

神奇四：这里拥有着一种使人沉静、不想离去的力量。幼儿园本是喧闹之地，但在这里随便找个角落坐下，就可以让浮躁的心沉静下来，哪怕耳边伴随着的是孩子们的尖叫声，也让人心中透着喜悦，仿佛置身于世外。

正是这些疑惑与问题，让我决定开始写这本书。当时，我和员工们交流了这个想法，大家都很兴奋。我们采用了“口述实录”的方式，记录下每个人在这里的成长故事。

人本主义心理学家罗杰斯说：如果你想了解一个人，就需要进入他的现象场，体验他的体验。对个人而言，每个重大体验，就是一个“现象”，而时空，就是现象发生时的“场”。如果我们能用现象场的方式记录这里曾经发生的故事，一定非常有意义。

我们的教育一直追求在日常朴素中蕴含丰富，在日用常行中感悟道理。我希望这里的每一个人都能通过书写窥见真实的自己。

记得第一次，大家的文字稿交上来后，很多模糊的记忆开始集体浮现在了我们的脑海中。我将这份粗糙的文字稿交到了当时出版此书的接力出版社的编辑手里。一个星期后，编辑反馈说，她读这些文字的时候很感动，这些朴素的文字背后，有一种独特的精神力量。她说，我们应该让这本书尽快出版，让更多的人受益。

那时候，我们幼儿园有个家长智囊团，幼儿园在园或已毕业孩子的家长时常聚在一起，为幼儿园发展献计献策。他们认为，仅用现场记录的方式呈现幼儿园的发展历程不足以表现幼儿园的独特与美好，大家还希望我能写一下这些现象背后的一些思考。也是两个孩子都毕业于花草园的肖宏文博士说："无论是作为媒体人，还是在这里生活过六年的家长，我觉得您一定要写一写背后的故事。因为这里发生的一切实在太美好了，很多人不知道这一切是如何发生的。"他还说，这里发生的故事就是中国版的《窗边的小豆豆》。大家一定不是只想知道幼儿园是如何走到今天的，其实更想知道，是什么样的力量让这里具有了一种洗涤心灵的能量。

我开始试着把当时的一些零散的思考整理成了文字。坦率而言，我觉得，这些文字大部分是"后知后觉"的。那时候，我更多的是凭借着直觉工作的，但也许就是这份直觉里的"本心""本性"，才成就了这里的一切吧？！

每次写不下去的时候，我就会和孩子们聊会儿天。他们明亮的眼睛、无拘无束的表情、天马行空的想法、大胆丰富的创造都是我坚持写作的动力。

就这样，这本书不断丰富，我的思想也随着思考日益成熟。每个人做事情都会有思想的源头，我思想的源头在哪里？我也借由写作开始探寻我个人成长与这一切的关系。写这一段的时候，感觉特别流畅，似乎它一直静静地等待在那里，等待着我与它的对话。因此，写这本书的时候，我的情感是非常饱满的，因为可以用这样的方式向我的美好的童年生活致敬。

这本书的书名也是几次改变，最后我们确定了《给童年"留白"》这个书名。这些年来，"内卷"一词的出现让"留白"变得越发珍贵。很多人非常喜欢这本书的书名，我们希望这本书承载的不仅是我们的一些探索与思考，也希望它能够成为治愈这个时代教育焦虑的一剂良药。

特别感谢中华女子学院的历任校领导，他们一直放心、放手地把幼儿园交给我来管理，十余年来都未曾改变。当我遇到困难的时候，他们总是尽全力地保护我、支持我，没有他们的信任与鼓励，就没有这所独一无二的花草园。

特别感谢我们的员工和家长，他们用真情、真心描述了自己在这所幼儿园的美好经历，我自己读起来也时常泪目。感谢周冉老师、张芬老师，第一次的文字稿是周冉老师负责排版统稿的，这一次的修订版本加入了这五年间我们的一些新创造以及一些新思考，由张芬老师负责排版统稿。没有她们，这本书不可能这么顺利地完成。

感谢当时担任接力出版社副总编辑的郭玉婷女士，她是我的大学同学，也是我的挚友。她一直关注这本书，书里的很多细节，都有她修改过的痕迹。特别感谢北京师范大学出版社的张丽娟老师，她是我在北京师范大学读书时的学妹，这一次的出版，她对每一段文字都进行了认真细致地修改。

还有两年我就要退休了，所以越发珍惜每一次和读者的相遇。很多人说，在这本书里读到了中国式美好幼儿教育的图景。记得这本书第一次出版的时候，我曾说“可能十年、二十年后，才会有更多的人看到我们今天探索的意义和价值”。没想到只有短短五年，我们的教育探索就已经影响到了越来越多的同行。这本书，打开了了解花草园教育的第一扇窗口。

如果需要做一个小结的话，我想说，这十几年来，我们一直秉承一种精神，一种把任何事情都要做好的精神。我们相信，任何一件微小的事情只要坚持做好，都会用它的方式显现出美好的结果。“想大问题，做小事情”是我们的工作目标。这些年来，这里的每个人都借由工作完成了心灵的跨越与成长……

胡 华

2022 年 11 月 17 日于花草园